Wilhelm Wattenbach

Die Lebensbeschreibungen

Des.hl.Willibrord by Alcuin, Gregors von Utrecht, Lindgers und Willehads

von Bremen

Wilhelm Wattenbach

Die Lebensbeschreibungen
Des.hl.Willibrord by Alcuin, Gregors von Utrecht, Lindgers und Willehads von Bremen

ISBN/EAN: 9783743392458

Hergestellt in Europa, USA, Kanada, Australien, Japan

Cover: Foto ©ninafisch / pixelio.de

Weitere Bücher finden Sie auf **www.hansebooks.com**

Geschichtschreiber der deutschen Vorzeit. 2. Gesammtausg. Bd. XIV.

Die Lebensbeschreibungen

des hl. Willibrord, Gregors von Utrecht, Lindgers und Willehads von Bremen.

Nach den Ausgaben der Monumenta Germaniae

übersetzt von

W. Wattenbach, G. Grandaur, M. Laurent.

Preis: 1 Mark 60 Pfennig.

Leipzig,
Verlag der Dyk'schen Buchhandlung.
1888.

Die Lebensbeschreibungen

des heiligen Willibrord, Gregors von Utrecht, Liudgers und Willehads von Bremen.

— — —

(Geschichtschreiber. VIII. Jahrhundert. Dritter Band.)

Die Geschichtschreiber

der

deutschen Vorzeit.

Zweite Gesammtausgabe.

Achtes Jahrhundert. Dritter Band.

Die Lebensbeschreibungen des heiligen Willibrord, Gregors
von Utrecht, Liudgers und Willehads von Bremen.

Leipzig,

Verlag der Dyk'schen Buchhandlung.

1888.

Die Lebensbeschreibungen

des hl. Willibrord, Gregors von Utrecht, Liudgers und Willehads von Bremen.

Nach den Ausgaben der Monumenta Germaniae

übersetzt von

W. Wattenbach, G. Grandaur, M. Laurent.

Leipzig,

Verlag der Dyk'schen Buchhandlung.

1888.

Vorwort.

Dieses Bändchen enthielt in der ersten Auflage nur das Leben des Bischofs Willehad. Aber wegen der außerordentlichen Wichtigkeit, welche die Thätigkeit dieser angelsächsischen Sendboten für die deutsche Kirche gehabt hat, und namentlich wegen des großen Einflusses der Utrechter Kirche auf die Pflanzung des Christenthums in Sachsen, ist es mir wünschenswerth erschienen, die Schriften hier zusammenzustellen, welche gerade hierfür besonders lehrreich sind, wenn sie auch weit entfernt sind, unseren Wünschen zu genügen. Aber man darf ja nie vergessen, daß die Verfasser dieser Lebensbeschreibungen wesentlich nur einen erbaulichen Zweck verfolgten, indem sie den Angehörigen der betreffenden Kirche ein Vorbild christlicher Tugenden hinstellten und ein solches auch Fremden als glänzendste Zierde der eigenen Genossenschaft vorführten. Eigentliche Geschichtswerke sind wir daher nicht berechtigt zu erwarten, und müssen dankbar anerkennen, wenn gerade die Missionsthätigkeit doch solchen Lebensbeschreibungen einen reicheren geschichtlichen Inhalt verschafft.

Zunächst war es das Leben Liudgers, welches W. Diekamp ungern in dieser Sammlung vermißte, und nachdem er den lateinischen Text herausgegeben hatte, erbot er sich zu einer deutschen Bearbeitung. Aber sein früher Tod — er erlag in

Rom am Weihnachtsfeste 1885 im Alter von 31 Jahren den
Typhus — hat mit vielen anderen Hoffnungen, welche sich an
ihn knüpften, auch diese vereitelt. Er hatte sich auf meinen
Wunsch bereit erklärt, auch das Leben Willibrords und Gre
gors von Utrecht damit zu verbinden, weil erst diese Verei
nigung die Anfänge der Utrechter Kirche und die von dort für
die sächsische Mission geübte Thätigkeit deutlich erkennen läßt
Willehad gehört derselben Richtung an und ist aus denselben
Kreisen hervorgegangen; er lebte und starb etwas früher als
Liudger, aber der enge Zusammenhang der übrigen Schriften
ließ es doch als zweckmäßiger erscheinen, seine Lebensbeschrei=
bung am Schlusse folgen zu lassen.

Berlin im Mai 1888.

W. Wattenbach.

I.

Das Leben des heil. Willibrord von Alkuin.

Uebersetzt von W. Wattenbach.

———— —

Einleitung.

Willibrord, der Apostel der Friesen und erster Bischof von Utrecht, hat, wie der heil. Gallus, einen Biographen gefunden, welcher als ungelehrter Schottenmönch bezeichnet wird[1], und sein Werk erschien so mangelhaft und namentlich von so roher und fehlerhafter Sprache, daß bei fortgeschrittener Bildung eine neue Bearbeitung unerläßlich schien, und jenes ursprüngliche Werk, welches für uns so werthvoll sein würde, unterging. In der Zeit Karls des Großen ertrug man eine solche Legende des Stifters nicht mehr, und Beornrad, Erzbischof von Sens und Abt von Echternach von 777 bis 797, wandte sich mit der Bitte um eine neue Bearbeitung an den damals so sehr gefeierten Alkuin, welcher, ehe er auf Karls Aufforderung ins Frankenreich kam, der Domschule zu York von 766 bis 782 vorgestanden hatte, für jene Zeit sehr gelehrt war und für einen Meister der lateinischen Sprache galt. Nichts ist bezeichnender für die großen Erfolge der Bemühungen Karls um die Hebung der Bildung seines Volkes, als daß, was am Anfang seiner Regierung so sehr bewundert wurde, in seiner späteren Zeit von den Franken selbst weit übertroffen wurde. Denn Alkuins Schreibart ist sehr mangelhaft und selbst recht grobe grammatische Fehler sind darin nicht selten. Aber damals galt es für ein ganz besonderes Glück, wenn er seine Feder zu der Verherrlichung des Schutzheiligen lieh; für den Kanzler Rado

---

[1] Thiofrid, Abt von Echternach, welcher im Anfang des zwölften Jahrhunderts das Leben Willibrords neu bearbeitete, sagt davon: Primo quidam linguae ac gentis Scotticae aggressus tanti viri gesta describere, rustico stilo detrivit dignitatem historiae. Das ist die einzige Erwähnung der Schrift.

1*

schrieb er das Leben des heil. Vedast, auf Angilberts Bitten
das Leben des heil. Richarius. Es sind das nur stilistische
Arbeiten, und eben das war es auch nur, was von ihm ge=
wünscht wurde. Willibrord aber zu feiern unternahm er um
so lieber, da er selbst mit ihm verwandt war, und der von
Willibrords Vater Wilgils gegründeten Zelle vorstand. So
verkündete er denn sein Lob zuerst in einem epischen Gedichte,
welches in der Klosterschule gelesen werden sollte; dann aber
verfaßte er auch die eigentliche Legende, welche den Mönchen
in der Kirche vorgelesen werden sollte. Daraus erklärt sich der
erbauliche Ton, doch verräth es den Mangel an geschichtlichem
Sinn bei Alkuin, daß er so gar wenig von der Stiftung des
Klosters und von der Errichtung des Bisthums Utrecht berich=
tet, nichts erwähnt von dem durch Egbert ihm gewordenen
Auftrag zur Bekehrung der Friesen, Bonifatius gar nicht nennt.
Für ihn sind die Hauptsache, außer allgemein gehaltenen Lo=
beserhebungen, die Wundergeschichten, welche verschiedene für
Zeit und Gegend characteristische Umstände enthalten. Ver=
muthlich hat er diese und überhaupt den größten Theil des
Inhalts dem Werk des alten Schottenmönchs entnommen, wel=
ches er aber gar nicht erwähnt; nur am Anfang sieht man,
daß er aus eigener Kenntniß berichtet. Die in der Anmerkung
angeführte wichtige Stelle aus Beda, welche ihm nicht unbe=
kannt sein konnte, hat er gar nicht benutzt.

Bei der Uebersetzung ist die phrasenreiche Widmung fort=
gelassen, und die an dem Grabe des Heiligen geschehenen
Wunder glaubten wir ebenfalls bei Seite lassen zu dürfen.

Herausgegeben ist die lateinische Biographie im 6. Band
der Bibliotheca von Jaffé, wo nach den ältesten Handschriften
die ursprüngliche Form hergestellt ist; die spätere Bearbeitung
von Thiofrid hat L. Weiland in den Mon. Germ. SS. XXIII.
theilweise herausgegeben.

1. Es war in der Insel Brittania, in der Northarhumbranischen Provinz, ein Hausvater von sächsischer Abkunst, Wilgils mit Namen, welcher mit seiner Hausfrau und mit seinem ganzen Hause ein frommes Leben in Christo führte, was später auch durch Wunder bezeugt wurde. Er verließ sein weltliches Gewand, um sich dem Mönchsstand zu widmen, und nicht lange nachher, da der Eifer zum geistlichen Leben in ihm noch heftiger sich entzündete, ergab er sich in verstärkter Hingabe dem strengen Leben als Einsiedler, auf den Vorgebirgen, welche von dem Ocean und dem Flusse Humber umspült werden. Da lebte er lange Zeit in einem kleinen Bethause, welches dem Namen des heil. Andreas, des Apostels Christi, geweiht war, und diente Gott mit Fasten, Gebet und Nachtwachen, so daß er auch durch Wunder berühmt und sein Name weithin gefeiert wurde. Auch ließ er niemals ab, die Volksmenge, welche ihm zuströmte, durch süße Ermahnungen aus Gottes Wort zu belehren. Aber auch bei dem Könige jenes Volkes und bei den Großen wurde er geehrt, so daß sie ihm auch einige in dieser Gegend gelegene Besitzungen schenkten, um daselbst Gott eine Kirche zu erbauen. Hier versammelte der fromme Vater eine mäßige, aber ehrbare Genossenschaft von Dienern Gottes, und da liegt er auch nach vielen Kämpfen seines heiligen Wandels begraben, und seine Nachkommen besitzen diese Kirche bis auf den heutigen Tag in der Nachfolge seiner Heiligkeit. Unter diesen habe ich, als der letzte in der Reihe und der geringste an Verdiensten, dieses Zellchen in rechtmäßiger Nachfolge zu

leiten überkommen, der ich diese Geschichte des heiligsten Vaters und höchsten Lehrers Willibrord auf deinen Befehl, se-
ligster Bischof Beornrad[1], geschrieben habe, der du nach der
dir von Gott verliehenen Gnade der würdigste Erbe dieses
großen Vaters in der Würde des Hohenpriesterthums und der
Nachfolge des Geschlechts, und in der Behütung der heiligen
Orte, welche er zur Ehre Gottes erbaut hat, geworden bist.

2. Damit ich nun dieses heiligen Vaters Willibrord Ur-
sprung von der Geburt her, und die Vorbedeutung der göttlichen Gnadenwahl schon in seiner Mutter Leib berühren kann,
muß ich zu meinem Anfang zurückkehren. Denn so wie der
heiligste Vorläufer unseres Herrn Jesu Christi, der selige Jo-
hannes der Täufer, von der Mutter Leib her geheiligt, von
frommen Eltern, wie die evangelische Geschichte uns berichtet,
geboren wurde, um vielen Menschen zum Heile zu gereichen,
so war auch der heilige Willibrord, der gleichfalls Vielen zum
Heile geboren wurde, das Kind frommer Eltern. Denn Wilgils, der ehrwürdige Mann, von dem ich vorher berichtet habe,
schloß nur deshalb nach Gottes Vorherbestimmung einen Ehe-
bund, damit ein solcher Sohn zum Heile vieler Völker von
ihm erzeugt würde. Dessen Hausfrau also, die Mutter des
seligen Vaters Willibrord, sah in der tiefen Ruhe der Nacht
träumend folgendes himmlische Gesicht. Es schien ihr, als ob
sie am Himmel den neuen Mond sähe, welcher wuchs, bis er
als Vollmond erschien. Während sie ihn nun aufmerksam be-
trachtete, stürzte mit schnellem Lauf ein Stein in ihren Mund.
Diesen verschlang sie, worauf ihr Inneres von Glanz durch-
leuchtet wurde. Voll Schrecken erwachend, erzählte sie einem
frommen Priester diesen Traum, und da dieser sie befragte,
ob sie in dieser Nacht, in welcher sie das Gesicht sah, in gewohnter Weise mit ihrem Manne Gemeinschaft gehabt habe,

---

[1] Von Sens, zugleich Abt von Echternach, welchem das Buch gewidmet ist.

und sie dieses eingestanden hatte, antwortete er so: „Der Mond,
welchen du von kleinem Anfang bis zu voller Größe hast wach=
sen sehen, ist der Sohn, welchen du in derselben Nacht em=
pfangen hast. Dieser verscheucht mit dem Lichte der Wahrheit
die dunklen Irrthümer der Finsterniß, und wohin er kommt,
wird er mit dem Glanze des ihn begleitenden Lichtes von oben,
den vollen Mond seiner Vollkommenheit zeigen, und durch den
schimmernden Glanz seines Namens und die Reinheit seines
Wandels wird er die Blicke Vieler auf sich ziehen.“ Diese
Deutung des Traumes hat die Wirklichkeit der kommenden Er=
eignisse bewährt.

3. Es geschah aber im Kreislauf der Tage, daß das Weib um 657
einen Sohn gebar, und da er in der heiligen Taufe wieder=
geboren wurde, gab ihm sein Vater den Namen Willibrord,
und sogleich nach seiner Entwöhnung übergab ihn derselbe den
Brüdern der Kirche zu Hrypen (Ripon), um ihn in den Uebun=
gen der Frömmigkeit und christlicher Lehre zu unterweisen, da=
mit das noch schwankende Alter durch kräftige Zucht erstarke,
da, wo nichts als Ehrbarkeit seinen Blicken sich darbot, wo er
nichts als Heiliges hörte. Ihn ließ die göttliche Gnade sofort
vom Beginn des Knabenalters im Sinne erstarken und in gutem
Wandel sich ausbilden, so weit es in so zarten Jahren mög=
lich ist, so daß man glauben sollte, es wäre in unseren Tagen
ein neuer Samuel geboren, von dem es heißt[1]: „Aber der
Knabe Samuel ging und nahm zu, und war angenehm bei
dem Herrn und bei den Menschen.“ Dort also, in dem vor=
genannten Kloster, empfing der Knabe, welcher dereinst Vielen
Heil bringen sollte, die Tonsur zum geistlichen Stande und
wurde durch sein frommes Gelübde zum Mönche, und wurde
mit den übrigen Jünglingen in jenem heiligsten Kloster er=
zogen. Aber keinem stand er nach an Eifer, keinem in demü=

---

[1] 1 Samuel. 2, 26.

thiger Hingabe, keinem an Lernbegierde, sondern solche Fortschritte machte täglich der gutgeartete Knabe in solcher Weise,
daß er die zarten Jahre der Knabenzeit durch den Ernst seines
Benehmens überschritt und alt in seinem Sinne wurde, während sein Leib noch zart und gebrechlich war.

677   4. Nachdem also der gottselige Jüngling in heiliger Lehre
und aller Ehrbarkeit und enthaltsamem Wandel das zwan-
zigste Lebensjahr erreicht hatte, wurde er von dem Eifer nach
einer strengeren Form des Lebens und von der Liebe zur
Pilgerschaft entzündet.   Er hörte aber, daß in Hibernien die
Gelehrsamkeit blühe, und wurde angelockt durch den Ruf von
dem Wandel einiger heiligen Männer, vorzüglich des seligen
Vaters und Bischofs Ecgbert, den man mit Beinamen den
Heiligen nannte, und Wicberct, des ehrwürdigen Mannes und
Priesters Gottes, welche beide aus Liebe zur himmlischen Heimat ihr Haus, ihr Vaterland und ihre Angehörigen verlassend,
nach Hibernien gingen und dort, der Welt entsagend, aber von
Gott erfüllt, die süßesten Früchte himmlischer Betrachtung täg-
lich im einsiedlerischen Leben empfingen[1].   Ihrer Frömmigkeit

---

[1] Diese beiden werden auch von Beda erwähnt, dessen wichtige Nachrichten,
auch über Willibrord selbst, ich hier folgen lasse. III, 27, berichtet er, daß viele
Angelsachsen aus Liebe zu den Studien und Neigung zu einem strengeren Klosterleben
nach Irland gingen; einige von ihnen besuchten die Zellen der verschiedenen Gelehrten, um von ihnen zu lernen. Die Schotten, wie die Bewohner Irlands damals
genannt wurden, versahen alle mit Nahrung, auch mit Büchern, und gaben ihnen
unentgeltlich Unterricht. Zu diesen gehörte auch Egbert, welcher an der Seuche des
J. 664 schwer erkrankte, später Abt von Jona wurde und 729 neunzigjährig starb.
Derselbe berichtet V, 9, daß Egbert den noch heidnischen Germanen predigen wollte,
und sich mit einer Anzahl von Gefährten schon eingeschifft hatte, aber da ein Sturm-
wind das Schiff auf den Grund trieb und überdieß eine Vision ihn für das Kloster
Jona bestimmte, wo er die Annahme der römischen Osterberechnung durchsetzte, gab
er sein Vorhaben auf. Einer seiner Genossen war Wictbert, welcher wirklich nach
Friesland kam und zwei Jahre lang den Friesen und ihrem Könige Rathbed das
Evangelium predigte, aber ohne Erfolg. Darauf (Kap. 10) beschloß Egbert, andere
Boten auszusenden, und zu diesen gehörte Willibrord. Zwölf an der Zahl kamen
sie an und begaben sich zum Frankenherzog Pippin, der kürzlich Friesland erobert
und den König Rathbed vertrieben hatte; er schickte sie unter seinem Schutze hin und

wünschte der gottselige Jüngling nachzueifern, und begab sich
deshalb mit Erlaubniß seines Vaters und der Brüder eiligst
nach Hibernia, wo er sich den eben genannten Vätern anschloß,
um wie eine kluge Biene aus dem Verkehr mit ihnen honig-
reiche Blüthen der Frömmigkeit zu ernten, und daraus in dem
Bienenkorbe seines Busens die süßesten Waben der Tugenden
anzubauen. Hier bildete er sich aus, er, der einst vielen Völkern predigen sollte, zwölf Jahre lang unter den trefflichen
Lehrern des frommen Mönchthums und heiliger Studien, bis
er zum vollkommenen Manne wurde und das volle Lebensalter
Christi erreichte.

---

sie bekehrten viele Friesen. Zwei andere Priester, welche auch lange in Irland gelebt
hatten, der weiße und der schwarze Hewald nach der Farbe ihres Haares genannt,
begaben sich zu den Altsachsen; im Begriff, zu einem Gaufürsten geführt zu werden,
wurden sie von dem heidnischen Volke erschlagen, am 3. Oktober, und in den Rhein
geworfen (an welchem aber keine Sachsen wohnten). Der Fürst, sehr erzürnt, tödtet
die Bauern und verbrennt ihr Dorf. Die durch ein Wunder entdeckten Leichen läßt
Pippin nach Köln bringen. Willibrord aber (Kap. 11) begab sich, nachdem er die
Erlaubniß zur Predigt erhalten hatte, nach Rom, wo Papst Sergius (I. 687—701)
ihm die Vollmacht zur Mission und Reliquien gewährte, deren er zur Einweihung
von Kirchen bedurfte. Zurückgekehrt wählen sie einen aus ihrer Mitte, Swidbert,
den sie in England zum Bischof weihen lassen; der begibt sich zu den Boructuariern,
wo er nicht ohne Erfolg predigt. Aber die Boructuarier werden von den Altsachsen
überwältigt, die Christen verjagt, und Swidbert geht zu Pippin, der auf Fürbitten
seiner Gemahlin Blithryda (Plectrudis) ihm auf einer Rheininsel einen Wohnplatz
anwies. Sie hieß, wie Beda sagt, in ihrer Sprache Inlittore (Werd, Kaiserswerth).
Da erbaute er ein Kloster, welches seine Nachfolger noch besitzen.

Nachdem aber Willibrord und seine Genossen einige Jahre lang in Friesland
gepredigt hatten, schickte Pippin ihn nach Rom, wo Papst Sergius ihn auf Pippins
Wunsch zum Erzbischof der Friesen weihte im J. 696 in der Kirche der hl. Cäcilia
und an ihrem Festtage (22. Nov.). Er gab ihm den Namen Clemens und sandte
ihn nach vierzehntägigem Aufenthalt zurück. Pippin aber gab ihm für sein Bisthum
einen Platz in seiner berühmten Burg Wiltaburg, d. i. die Stadt der Wilten, welche
die Franken aber Trajectum (Utrecht) nennen. Hier erbaute er eine Kirche, bekehrte
Viele durch seine Predigt und errichtete verschiedene Kirchen und Klöster. Denn nicht
lange nachher setzte er auch andere Bischöfe in diesen Gegenden ein, aus der Zahl
der Brüder, welche mit ihm gekommen oder auch ihm gefolgt waren. „Einige von
diesen sind im Herrn entschlafen, aber Wilbrord selbst, mit dem Beinamen Clemens,
lebt noch in ehrwürdigem Alter, da er seit 36 Jahren ein Bischof ist, und seufzt
nach der Belohnung des himmlischen Lebens nach den vielen geistlichen Kämpfen,
welche er durchgefochten hat."

690   5. Im 33. Jahre seines Alters also wuchs dem trefflichen Manne die Flamme des Glaubens im Busen, so daß es ihm als zu gering erschien, nur für sich selbst in heiligem Wandel sich abzumühen, wenn er nicht auch Anderen durch die Predigt der wahren Lehre Nutzen brächte. Er hörte, daß in den nördlichen Gegenden der Welt eine reiche Ernte sei, der Arbeiter aber wenige. Damit aber die Wahrheit des Traumes erfüllt würde, welchen einst seine Mutter von ihm gesehen hatte, gedachte er, seines Willens sich bewußt, wenn auch noch ohne Kenntniß der göttlichen Vorherbestimmung, nach jenen Gegenden zu fahren und mit dem hellen Lichte der Predigt vom Evangelium die in langer Gottlosigkeit erstarrten Völker, wenn es Gottes Wille wäre, zu erleuchten. Er nahm also elf Brüder mit sich, welche mit demselben Glaubenseifer, wie er selbst, ausgerüstet waren, und bestieg mit ihnen ein Schiff. Von diesen sind einige später um der Predigt des Evangeliums willen mit dem Martyrium gekrönt, einige aber haben die bischöfliche Weihe erhalten und ruhen in Frieden nach der Arbeit der heiligen Predigt.

Der Mann Gottes also fuhr mit seinen Genossen, bis sie nach glücklicher Fahrt die Mündung des Flusses Hrenus erreichten und daselbst anlegten; hier erquickten sie sich auf dem ersehnten Festland und gelangten alsbald zu der Burg Trajectum[1], welche am Ufer dieses Flusses gelegen ist, und wo nach einiger Zeit, als durch Gottes Gabe das Wort vom Glauben Frucht trug, er den Sitz seines Bisthums erhielt. Aber weil dieses Volk der Fresonen, in dessen Mitte die Burg gelegen ist, mit seinem König Rabbod noch im Schmutze des Heidenthums lag, beschloß der Mann Gottes, sich nach Franken zu wenden und ihren Herzog Pippin aufzusuchen, einen wackeren Mann, berühmt durch Siege und von rechtschaffenem Wandel.

---

[1] Nach Thiofrid kam er zunächst in portum Gravalingae, villae maritimae.

Dieser nahm ihn mit allen Ehren auf, aber da er sich selbst und sein Volk eines so großen Lehrers nicht berauben wollte, wies er ihm passende Orte innerhalb seines Reiches an, wo er das Dorngestrüpp des Götzendienstes ausrotten und auf dem gesäuberten Brachland den reinsten Samen des Wortes Gottes reichlicher ausstreuen könne, damit jenes Gebot des Propheten erfüllt würde[1]: „Pflüget ein Neues und säet nicht unter die Hecken."

6. Da nun der Mann Gottes mit großem Eifer die einzelnen Orte besuchte, um das ersehnte Amt der Heidenpredigt auszuüben, und der Same des Lebens, vom himmlischen Thau begossen, weit und breit auf dem Acker vieler Herzen nach seiner Predigt herrlich aufschoß, da freute sich der obengenannte Frankenherzog über seine heilige Hingabe und die herrlichste Ausbreitung des Wortes Gottes, und um noch größeres Gedeihen zu veranlassen, gedachte er klugen Rathes, ihn nach Rom zu schicken[2], um von dem apostolischen Herrn Sergius, dem heiligsten Manne damaliger Zeit, zur Ehre des höchsten Priesterthums geweiht zu werden, damit er nach Empfang des apostolischen Segens und erhaltenem Auftrage mit um so größerer Zuversicht als sein Sendbote ausgerüstet, zu der evangelischen Arbeit zurückkehrte, nach jenem Wort des Apostels[3]: „Wie sollen sie aber predigen, wo sie nicht gesandt werden?" Als er hierzu den Mann Gottes zu bereden suchte, weigerte dieser sich anfangs und erklärte, daß er der Ehre einer so großen Vollmacht nicht würdig sei, und, die Gebote des Apostels aufzählend, versicherte er, daß er weit zurückstehe hinter der Reihe der Tugenden, von welchen der herrliche Lehrer der Heiden, als er seinen Sohn Timotheus belehrte, aussagte, daß ein Bischof sie haben müsse.[4] Der Herzog dagegen rieth ihm

---

[1] Jerem. 4, 3. — [2] Nach Beda (oben S. 9) war er vorher schon einmal da gewesen, im J. 692. — [3] Römer 10, 15. — [4] 1 Timoth. 3, 1 ff.

voll Frömmigkeit an, was der Mann Gottes demüthig ablehnte. Zuletzt aber gab er nach, überwunden durch das einstimmige Zureden, und was mehr ist, dem Willen Gottes gehorchend, indem er lieber in Demuth dem Rathe vieler Männer gehorchen, als hartnäckig auf seinem Willen bestehen wollte. Und so wurde er denn mit einer ehrenvollen Gesandtschaft und mit Geschenken, welche der apostolischen Würde angemessen waren, nach Rom gesandt.

695
Novbr.
7. Aber am vierten Tage, bevor er dahin kam, hörte der heiligste apostolische Vater im Traum eine Stimme der Ermahnung, daß er jenen mit höchster Ehre aufnehmen solle und daß er von Gott auserwählt sei, um viele Seelen zu erleuchten, und daß er komme um die Ehre des höchsten Priesterthums zu empfangen, und daß nichts, was er erbitte, ihm verweigert werden dürfe. Durch diese Ermahnung sicher, empfing ihn der Apostolicus mit großer Freude und höchsten Ehren, und wie er in ihm die Gluth des Glaubens erkannte, die Hingabe der Frömmigkeit, die Fülle der Weisheit, weihte er ihn am passenden Tage, als das Volk zusammenströmte, nachdem er die ehrwürdigen Priester zur Theilnahme am Amt berufen hatte, öffentlich in der Kirche des seligen Petrus, des Apostelfürsten [1], mit großer Würde nach apostolischer Weise zum Erzbischof und gab ihm den Namen Clemens, und bekleidete ihn

---

[1] Beda (oben S. 9) nennt die Kirche der hl. Cäcilia, und als Tag deren Fest, den 22. November, im J. 696. Aber in einem alten, aus Echternach stammenden Martyrologium ist seine Weihe zum 21. November verzeichnet, und am Rande der Seite steht, was nur Willibrord selbst geschrieben haben kann: „Im Namen des Herrn. Clemens Willibrordus kam im J. 690 übers Meer nach Francien, und in Gottes Namen im J. 695 von der Menschwerdung des Herrn wurde er, obwohl unwürdig, in Rom zum Bischof geweiht von dem apostolischen Manne, dem Herrn Papst Sergius, jetzt aber in Gottes Namen verlebt er das 728. Jahr von der Menschwerdung unseres Herrn Jesu Christi." (S. das Neue Archiv II, 293.) Derselbe Kalligraph Laurentius, welcher für ihn das Martyrologium in irischen Schriftzügen geschrieben hat, schrieb auch die prächtige, jetzt in der fürstl. Oettingen-Wallerstein'schen Bibliothek in Maihingen befindliche Evangelienhandschrift.

mit seinen Priestergewändern, bestätigte ihn mit dem heiligen
Pallium seiner Würde wie mit dem Leibrock des Aaron und
mit glänzender Kleidung, und was er wollte oder erbat an
Reliquien der Heiligen oder kirchlichem Geräthe, gab er ihm
mit ganzer Freudigkeit des Herzens. Er stärkte ihn mit seinem
Segen, und sandte ihn mit reichen Geschenken und heilsamen
Ermahnungen wieder zur Arbeit des Evangeliums zurück.

8. Nachdem er also auch den Segen des apostolischen Va=
ters erhalten hatte, kehrte der treue Verkündiger des Wortes
Gottes mit größerer Zuversicht zum vorgenannten Herzog der
Franken zurück. Dieser empfing ihn mit großer Pracht und
Ehre, und entsandte ihn mit dem Befehl seiner Vollmacht zur
Arbeit am Evangelium, vorzüglich jedoch in den nördlichen
Theilen seines Reiches, wo bis dahin wegen des Mangels an
Lehrern und der Herzenshärtigkeit der Bewohner das Licht des
Glaubens noch weniger erglänzte. Um so eifriger streute der
Mann Gottes in diesen Gegenden den Samen des Lebens aus,
je mehr er es als nothwendig erkannte, die alte Hungersnoth
der Unwissenheit zu beseitigen. Wie viel Frucht er aber mit
Gottes Gnade in jenen Gegenden zeitigte, davon zeugen heu=
tiges Tages die Gemeinden in den Städten, Dörfern und
Burgen, welche er zur Erkenntniß der Wahrheit und zur Ver=
ehrung des einen allmächtigen Gottes durch seine Ermahnung
geführt hat. Es bezeugen es auch die Kirchen, welche er in
den einzelnen Orten erbaut hat, und die Convente von Die=
nern Gottes, welche er an einigen Orten versammelt hat.

9. Es versuchte auch der Mann Gottes, über die Grenzen
des Frankenreiches hinaus die Ströme der himmlischen Lehre
zu leiten. Denn er fürchtete sich nicht, Rabbod, damals König
der Friesonen, der mit seinem Volke noch ein Heide war, auf=
zusuchen, und überall, wohin er kam, verkündigte er das Wort
Gottes mit aller Zuversicht. Aber der Friesenkönig nahm zwar

den Mann Gottes in Demuth freundlich auf, doch konnte er
mit keinerlei Lebenswort sein steinernes Herz erweichen. Und
als der Mann Gottes erkannte, daß er bei ihm keine Frucht
erzielen könne, wandte er sich mit dem Wort des Evangeliums
zu den überaus wilden Völkern der Dänen. Da aber herrschte,
wie man berichtet, Ongendus [1], ein Mann, der grausamer war
als jedes wilde Thier und härter als jeder Stein; aber den=
noch empfing er, auf Gottes Geheiß, den Verkünder der gött=
lichen Wahrheit ehrenvoll. Als dieser erkannte, daß das Volk
in seinen Sitten verhärtet war, dem Götzendienst ergeben und
ohne Hoffnung auf ein besseres Leben, nahm er dreißig Knaben
aus diesem Lande zu sich, und beeilte sich, mit diesen zu den
von Gott auserwählten Völkern des Frankenreiches heimzu=
kehren. Schon auf der Reise selbst unterrichtete er die Knaben
und wusch sie rein in dem Quell des Lebens, damit er nicht
wegen der Gefahren der langen Seefahrt oder durch die Nach=
stellungen der wilden Bewohner jenes Landes irgend einen Ver=
lust an ihnen erlitte, indem er den Listen des alten Feindes
zuvorkommen und die neugewonnenen Seelen mit den Sakra=
menten des Herrn sichern wollte.

10. Und während der fromme Prediger des Wortes Gottes
auf dieser Reise sich befand, kam er an der Grenze zwischen
den Dänen und den Fresonen zu einer Insel, welche nach einem
Gott Fosite, den sie verehren, von den Bewohnern Fosites=
land genannt wurde [2], weil auf ihr Heiligthümer dieses Gottes
erbaut waren. Dieser Ort wurde von den Heiden mit solcher
Verehrung betrachtet, daß keiner von ihnen etwas von dem
Vieh, welches dort weidete, oder von anderen Dingen zu be=
rühren wagte, noch auch aus der Quelle, welche dort spru=

---

[1] Er wird außerdem nur im Beowulf erwähnt, und scheint über dänische An=
siedler an der friesischen Küste geherrscht zu haben.

[2] Helgoland. Diese Stelle führen Altfrid im Leben Liudgers Kap. 19, und
Adam von Bremen IV, 3 an.

delte, das Wasser anders als schweigend zu schöpfen sich er=
laubte. Dorthin wurde der Mann Gottes durch einen Sturm
verschlagen und blieb einige Tage da, bis, nachdem der Sturm
sich gelegt, günstiges Wetter zur Fahrt wiederkehrte. Er ver=
achtete aber die thörichte Scheu vor der Unantastbarkeit jenes
Ortes und fürchtete nicht den wilden Sinn des Königs, welcher
jeden Verletzer der Heiligthümer jenes Ortes dem grausamsten
Tode zu weihen pflegte, sondern taufte drei Menschen in jener
Quelle unter Anrufung der heiligen Dreieinigkeit, und ließ von
dem Vieh, welches dort weidete, zu seinem Bedarf schlachten.
Als die Heiden das sahen, glaubten sie, daß sie entweder in
Wahnsinn verfallen oder durch plötzlichen Tod zu Grunde gehen
würden. Da sie aber sahen, daß ihnen nichts Uebles wider=
fuhr, ergriff sie Schreck und Staunen; sie berichteten jedoch
dem König Rabbod, was sie gesehen hatten.

11. Dieser gerieth in große Wuth gegen den Priester des
lebendigen Gottes und gedachte die Beleidigungen seiner Götter
zu rächen. Drei Tage lang warf er immer dreimal nach seiner
Gewohnheit das Loos; niemals aber konnte, da der wahre
Gott die Seinigen verteidigte, das Loos der Verdammten auf
den Knecht Gottes oder auf einen der Seinigen fallen; nur
einer von seinen Gefährten wurde durch das Loos bezeichnet
und mit dem Martyrium gekrönt. Der heilige Mann aber
wurde zum Könige berufen und viel von ihm gescholten, wa=
rum doch er seine Heiligthümer verletzt und seinen Gott be=
leidigt habe. Ihm entgegnete der Herold der Wahrheit mit
festem Muth: „Nicht ein Gott ist es, den Du verehrst, son=
dern der Teufel, welcher Dich, o König, in den schlimmsten
Irrwahn verwickelt hat, um Deine Seele dem ewigen Feuer
zu übergeben. Denn es ist kein Gott außer dem Einen, wel=
cher Himmel und Erde erschaffen hat, das Meer und alles,
was darin ist, und wer diesen in wahrem Glauben verehrt,

der wird das ewige Leben haben. Als Sein Diener lege ich
heute vor Dir Zeugniß ab, damit Du von der Thorheit des
Irrwahns, an welche Deine Väter glaubten, endlich einmal
zur Besinnung kommest, und im Glauben an den einen all=
mächtigen Gott, unseren Herren Jesus Christus, im Quell des
Lebens getauft, alle Deine Sünden abspülest und alle Bosheit
und alle Ungerechtigkeit fortwerfend, hinfort als ein neuer
Mensch lebest in aller Mäßigkeit, Gerechtigkeit und Heiligkeit.
Wenn Du das thust, so wirst Du mit Gott und seinen Hei=
ligen die ewige Herrlichkeit besitzen. Wenn Du mich aber ver=
schmähst, der ich Dir den Weg des Heiles weise, so wisse in
aller Wahrheit, daß Du die ewige Pein und die Flammen der
Hölle mit dem Teufel, dem Du Gehorsam leistest, ertragen
mußt." Da verwunderte sich der König und antwortete: „Ich
sehe, daß Du meine Drohungen nicht fürchtest und daß Deine
Worte sind wie Deine Werke." Obgleich er nun dem Prediger
der Wahrheit nicht glauben wollte, so schickte er ihn doch mit
allen Ehren an Pippin, den Herzog der Franken, zurück.

12. Dieser freute sich über seine Ankunft, und bat ihn,
bei der für ihn bestimmten Arbeit am Worte Gottes auszu=
harren und dies Dorngestrüpp des Götzendienstes ausreutend,
das Wort Gottes eifrig an jedem Orte auszusäen. Das be=
strebte sich auch der fromme Prediger ohne alle Lässigkeit zu
erfüllen, indem er alle Gegenden jenes Landes besuchte und in
den Städten, Dörfern und Burgen, wo er früher schon das
Evangelium verkündigt hatte, alle ermahnte, daß sie mit gutem
Entschlusse ihres Herzens fest im wahren Glauben beharren
möchten. Und da täglich die Zahl der Gläubigen zunahm und
eine größere Schaar zur Kenntniß des Wortes Gottes sich ein=
fand, begannen Viele, vom Glaubenseifer getrieben, ihr Erb=
theil dem Mann Gottes darzubringen. Er nahm es an und
ließ alsbald Kirchen daselbst erbauen, stellte auch Priester und

Gehülfen am Worte Gottes bei ihnen an, auf daß das neu=
gewonnene Volk Gottes Orte habe, wo es sich an Festtagen
versammeln und heilsame Ermahnungen hören könne, und Die=
ner der Kirche, von denen es die Gabe der heiligen Taufe em=
pfangen und die Vorschriften der christlichen Religion erlernen
könne. Und so machte der Mann Gottes täglich größere Fort=
schritte, von Gottes Gnade beschirmt.

13. Es begab sich aber, daß Pippin, der Herzog der Fran= 714
ken, starb und sein Sohn Karl des väterlichen Reiches Herr
wurde. Dieser unterwarf viele Völker dem Scepter der Fran=
ken, und darunter fügte er auch Fresien nach Ueberwindung
des Rabbod mit glorreichem Siege zu des Vaters Herrschaft
hinzu. [1] Diesem Volke wurde damals der heilige Willibrord
zum Prediger gesetzt, und ihm der Sitz seines Bisthums in
der Burg Trajectum angewiesen. Dadurch erhielt er nun ein
größeres Feld für seine Predigt, und bemühte sich, das kürz=
lich erst mit dem Schwert bezwungene Volk in der heiligen
Taufe abzuwaschen. Nicht den geringsten Rest des alten Irr=
wahns ließ er in der Finsterniß der Unwissenheit verborgen
bleiben, sondern beleuchtete das ganze Volk ohne Verzug mit
dem vollen Licht des Evangeliums, so daß bei diesem plötzlich
jenes prophetische Wort erfüllt wurde [2]: „Und soll geschehen
an dem Ort, da man zu ihnen gesagt hat: Ihr seid nicht mein
Volk, wird man zu ihnen sagen: O ihr Kinder des lebendigen
Gottes."

14. Auch viele Wunder that die Kraft Gottes durch ihren
Knecht. Obgleich aller Wunderwirkung und allen Wunderzeichen

---

[1] Besiegt hat Karl Martell den Rabbod nicht, aber er starb 719 und sein Nach=
folger hielt Frieden mit Karl. Da konnte auch Willibrord heimkehren, dem nach der
oben S. 9 aus Beda angeführten Stelle schon Pippin Utrecht als Bisthum über=
wiesen hatte, der aber nach Pippins Tod hatte flüchten müssen. Im J. 722 wurde
ihm das Bisthum feierlich bestätigt. Alkuin scheint den glänzenden Sieg Pippins 689
Karl zuzuschreiben, und es bleibt deßhalb auch bei ihm ganz dunkel, wo eigentlich
Willibrord bis dahin thätig gewesen ist. — [2] Hosea 1, 10.

das Amt der evangelischen Predigt vorzuziehen ist, so dürfen
wir doch, weil ihre Vollbringung berichtet wird, zur Ehre
Gottes, der sie verliehen hat, nicht davon schweigen, sondern
müssen sie vielmehr unserer Erzählung einfügen, damit den
kommenden Jahrhunderten nicht verloren gehe, wovon wir wissen,
daß es in alter Zeit geschehen ist. Einmal also, als der ehrwürdige Mann nach seiner Gewohnheit der Predigt halber
unterwegs war, kam er zu einem Dorfe Namens Walichrum[1],
wo ein Götzenbild als Rest des alten Irrwahns geblieben war.
Dieses zertrümmerte der Mann Gottes in seinem Eifer vor
den Augen des Hüters dieses Götzen, der, voll Muth, um
die Beleidigung seines Gottes zu rächen, in der Leidenschaft
seines thörichten Sinnes das Haupt des Priesters Christi mit
dem Schwerte traf. Aber Gott verteidigte seinen Knecht, so
daß er durch diesen Hieb nicht verletzt wurde. Seine Gefährten aber, als sie das sahen, liefen herbei, um die arge Ver-
messenheit des gottlosen Menschen durch seinen Tod zu rächen.
Aber der Mann Gottes befreite frommen Sinnes den Schul-
digen aus ihren Händen und ließ ihn gehen; dieser aber wurde
an demselben Tage vom Teufel besessen und beendigte am
dritten Tage sein elendes Leben. Und weil der Mann Gottes
nach der Vorschrift des Herrn sein Unrecht nicht rächen wollte,
trat sofort der Herr selbst als Rächer auf, so wie er von den
Frevelthaten, welche die Gottlosen sich nicht scheuen gegen seine
Heiligen zu verüben, gesagt hat[2]: „Die Rache ist mein, Ich
will vergelten, spricht der Herr.“

15. Ein ander Mal wanderte der selige Mann zu einer
Zelle, welche ihm gehörte, und die nach dem Namen des vor-
beifließenden Gewässers Suestra genannt wird[3], betrat aber,

---

¹) Eine Kirche in Westkappelle auf der Insel Walcheren gehörte zum Kloster
Echternach. — ²) Römer 12, 19. — ³) Süsteren, Provinz Limburg, bei Mastricht,
ein Nonnenkloster, welches Pippin an Willibrord übergeben hatte.

um den Weg abzukürzen, einen schmalen Fußpfad, welcher durch
die Saaten eines reichen Mannes führte. Das sah der Hüter
dieser Saaten, und begann in großer Wuth den Mann Gottes
zu schmähen. Diesen Menschen, welcher den Mann Gottes
schalt, wollten die Gefährten, welche bei ihm waren, strafen,
aber der Diener Gottes hielt sie in seinem milden Sinne davon ab, da er nicht wollte, daß jemand seinetwegen umkomme,
der doch vielmehr nach dem Heile Aller verlangte. Aber am
folgenden Tage ist derselbe unselige Mensch, welcher sich nicht
gescheut hatte, Schmähungen gegen den Diener Gottes auszu-
stoßen, an demselben Orte eines plötzlichen Todes vor den
Augen vieler Zuschauer verstorben.

16. Als der von göttlichem Geist erfüllte Mann zur Predigt des Evangeliums die Küstengegenden durchzog, wo man
an süßem Wasser Mangel leidet, sah er, daß seine Gefährten
die Qualen des Durstes nur mit Mühe ertrugen; er rief deshalb einen von ihnen herbei, und befahl ihm in seinem Zelte
eine kleine Grube zu machen, wo er heimlich auf seinen Knieen
zu Gott betete, welcher seinem Volke in der Wüste Wasser aus
dem Felsen strömen ließ, er möge doch seinen Dienern mit glei-
chem Erbarmen Wasser aus dem Sande hervorrufen. Alsbald
wurde er erhört, und plötzlich erfüllte ein Quell von süßestem
Geschmack die Grube[1]. Als die Seinigen das sahen, dankten
sie dem allmächtigen Gott, welcher seinen Heiligen verherrlichte
und ihn gnädig erhörte, und sie tranken bis zur Sättigung,
und nahmen für den Bedarf des Weges mit sich, so viel sie
für nöthig hielten.

17. Wiederum wanderte der heilige Priester Gottes an einem
Orte, wo er zwölf arme Bettler sah, welche alle die Vorüber-

---

[1] Nach Joh. de Beka in seiner Chronik befindet sich diese Grube im Gebiet von
Denligelo und wird von den Bewohnern der Brunnen des hl. Willibrord genannt.
Ohne Zweifel hat dieser Brunnen zu der Entstehung der Sage den Anlaß gegeben.

gehenden um eine Erquickung anflehten. Die sah er, wie er
denn sehr mildthätig war, mit gütigem Blicke an und befahl
einem der Seinigen, den Armen Christi aus seiner eigenen
Flasche einen Trunk zu mischen. Alle zwölf tranken davon
bis zur Sättigung, und wunderbarer Weise fand man, als sie
fortgingen, die Flasche, aus welcher so viele Menschen getrunken
hatten, ebenso sehr, wie vorher, mit dem trefflichsten Weine ge=
füllt. Als man das wahrnahm, lobten alle den Herrn, und
sprachen: „Wahrlich, an uns ist in Erfüllung gegangen, was
im Evangelium Christus, der Gott, gesagt hat[1]: Gebet, so wird
euch gegeben."

18. Es kam auch der heilige Mann nach seinem Kloster[2],
um es zu besuchen, und nach den Gebeten und brüderlichen
Begrüßungen und friedfertigen Ermahnungen besuchte der fromme
Hirte die einzelnen Wohnungen der Brüder, um zu erforschen,
ob daran etwas zu bessern sei. So kam er auch in den Keller,
wo er einen kleinen Weinvorrath in einer Tonne fand; als
Zeichen seines Segens steckte er mit einem Gebet seinen Stab
hinein und ging weiter. Aber in derselben Nacht begann der
Wein in diesem Faß zu wachsen und über den Rand zu rinnen.
Als der Kellermeister das sah, staunte er ob des unverhofften
Ueberflusses, und wagte nicht zu verschweigen, was die Barm=
herzigkeit Gottes, wie er wohl erkannte, durch den Segen sei=
nes Dieners that. Am folgenden Morgen eilte er zu dem
heiligen Vater, warf sich ihm zu Füßen, und berichtete was er
gesehen hatte. Dieser dankte Gott nach seiner Gewohnheit, und
eingedenk der Vorschrift des Herrn, welcher seinen Jüngern
verbot, von der Herrlichkeit der Transfiguration vor dem Tage
seiner Auferstehung etwas zu sagen, gebot er auch dem Keller=

---

[1] Luc. 6, 38. — [2] Echternach, welches Alkuin hier nicht einmal nennt und
über dessen Stiftung er nichts berichtet, obgleich es für Willibrord als Ausgangs=
punkt seines Missionswerkes und Zufluchtsort von größter Wichtigkeit war.

meister, von dem Wunder, welches er sah, vor dem Tage seines Todes etwas mitzutheilen.

19. Noch ein anderes ähnliches Wunder wirkte Christus durch seinen Segen. Als der Knecht Gottes mit seinen Gefährten zu dem Hause eines Freundes kam, wollte er in dem Hause des Geliebten die Anstrengung des langen Weges durch eine Erquickung erleichtern, erfuhr aber, daß der Hausvater keinen Wein habe. Da ließ er vier Flaschen von mäßiger Größe, welche allein die Begleiter zur Stärkung auf der Reise mit sich führten, herbeibringen und segnete sie im Namen dessen, welcher bei dem hochzeitlichen Mahle Wasser in Wein verwandelte. Und in wunderbarer Weise tranken nach der Gnade dieses Segens an vierzig Männer aus jenen kleinen Flaschen bis zur völligen Sättigung, und mit großem Dank und frohen Sinnes sprachen sie zu einander: „Wahrlich, der Herr Jesus hat erfüllt, was er im Evangelium verspricht[1]: Wer an mich glaubet, der wird die Werke auch thun, die ich thue, und wird größere denn diese thun."

20. Derselbe heilige Prediger zog einstmals, wie er gewohnt war, um das Evangelium zu verkündigen, eilig nach Fresien, und wegen der Anstrengung der Reise wollte er auf den Wiesen eines reichen Mannes die müden Pferde sich etwas erholen lassen[2]. Als aber jener reiche Mann die Pferde auf seinen Wiesen weiden sah, begann er, von Hochmuth erfüllt, die Pferde zu schlagen und von seiner Weide fortzutreiben. Der Mann Gottes nun redete ihn mit sanften Worten an und sprach: „Hör' auf, Bruder, uns Unrecht zu thun. Denn nicht um dich zu schädigen, sondern um unserer Nothdurft willen, haben wir eine kurze Zeit auf diesen Weiden ausruhen wollen. Uns treibt das Werk Gottes, für welches wir zu arbeiten haben,

---

[1] Evang. Joh. 14, 12. — [2] Das war rechtlich dem Reisenden erlaubt, siehe J. Grimm, Rechtsalterthümer S. 400.

und wofür auch du Lohn erhalten kannst, wenn du uns, so viel
an dir ist, mit freundlichem Sinn unterstützen willst, eingedenk
jener süßen Verheißung unseres Herrn Jesu Christi[1]: Wer euch
aufnimmt, der nimmt mich auf; und wer mich aufnimmt, der
nimmt den auf, der mich gesandt hat. Komme doch lieber als
Freund in Frieden zu uns und erquicke dich mit uns; trinke
etwas mit uns, und während wir dann unsern Weg fortsetzen,
kehre du mit Gottes Segen in dein Haus zurück." Er aber
verharrte in seiner Bosheit, und wollte sich nicht beruhigen
bei den friedfertigen Worten des Mannes Gottes, sondern ver-
doppelte seine Schmähungen und rief: „Du forderst mich auf
zu trinken und mit dir Frieden zu machen. Du kannst aber
ganz sicher sein, daß ich gar keinen Werth darauf lege, mit
dir zu trinken." Das Wort nahm der Mann Gottes aus
seinem Munde und sprach: „Wenn du mit mir nicht trinken
willst, so sollst du gar nicht trinken." Und sofort machten
seine Begleiter sich bereit und er zog mit ihnen seines Weges.
Auch jener trotzige Mann eilte nach Hause, wurde aber plötzlich von brennendem Durst geplagt, und suchte diesen mit Wein
zu löschen; aber der Mund, welcher die Schmähungen gegen
den Mann Gottes ausgestoßen hatte, vermochte den Trunk nicht
aufzunehmen, und der aus freien Stücken keinen Frieden mit
dem Diener Gottes hatte haben wollen, mußte mit Nothwen-
digkeit die Strafe in sich selber empfinden. Aerzte wurden ge-
rufen, um seinen Durst zu stillen, um dem Kranken die Fähigkeit zu trinken wieder zu schaffen. Sein Inneres glühte, aber
niemand vermochte seiner lechzenden Kehle einen Tropfen Wein
einzuflößen. Zuletzt wurde er endlich von Neue ergriffen zur
Besinnung gebracht, und erkannte, daß der heilige Willibrord
der sei, welchen er beleidigt hatte; mit größtem Verlangen sehnte
er sich nun nach seiner Rückkehr. Dieser kam im folgenden

---

[1]) Matth. 10, 40.

Jahre auf demselben Wege zurück, und als der kranke Mann
von seiner Ankunft gehört hatte, eilte er ihm entgegen, seine
Schuld bekennend und die Strafe, welche er litt, ihm kund=
thuend, und bat um Christi willen, daß er ihn erlösen möchte.
Von Barmherzigkeit bewegt verzieh ihm der Mann Gottes und
gab ihm mit seinem Segen aus seinem Kelche zu trinken. So=
fort trank er und kehrte gesund nach Hause zurück.

21. In der Stadt Trier ist ein Nonnenkloster[1], welches
zu den Zeiten des seligen Bischofs Willibrord von einer hefti=
gen Seuche heimgesucht wurde. Viele von den Mägden Gottes
starben, andere wurden durch langes Siechthum ans Bett ge=
fesselt, die übrigen aber waren von großem Schrecken ergriffen,
und fürchteten den Tod als ob er schon sichtlich vor ihnen
stünde. Und weil nicht fern von jener Stadt das Kloster des
heiligen Mannes gelegen ist, welches Aefternaco[2] heißt, wo bis
auf den heutigen Tag der Leib des heiligen Mannes ruht, und
welches seine Nachfolger durch die Milde der frommen Könige
und in rechtlicher Form geschehene Uebergabe besitzen, so schick=
ten die erwähnten Klosterfrauen, als sie hörten, daß der hei=
lige Mann dahin komme, sogleich eine Botschaft und baten ihn,
unverzüglich zu kommen. Er aber, belehrt durch das barm=
herzige Vorbild des seligen Petrus, des Apostelfürsten, welcher
auf die Bitte der Witwen Christi[3] von Joppe nach Lydda kam,
um die heilige Tabitha aufzuwecken, weigerte sich mit gleicher
Bereitwilligkeit, sobald er von dem Verlangen der Mägde
Christi vernommen hatte, nicht, zu ihnen zu kommen. Und als
er gekommen war, feierte er sogleich im Kloster eine Messe für
die Kranken, und weihte Wasser, womit er ihre Wohnungen
besprengen ließ, und welches er den erkrankten zum Trinken

---

[1] Vermuthlich Horrea, jetzt Deren genannt. — [2] Echternach.
[3] Nämlich der um Christi willen von ihr unterstützten. Nach dem Text
Ap. Gesch. 9, 38 sind es jedoch die Jünger, welche ihn rufen.

zusandte. Diese wurden durch die Gnade der göttlichen Barm=
herzigkeit alsbald gesund, und keine starb fortan im Kloster an
dieser Seuche.

22. Einem Hausvater und seinem Hause stieß eine schreck=
liche Heimsuchung von Teufelsspuk zu, so daß man ganz offen=
bar an Schrecknissen und Uebelthaten erkannte, daß ein böser
Geist in seinem Hause wohne. Denn er pflegte plötzlich Spei=
sen oder Kleidungsstücke oder sonstigen Hausrath zu ergreifen
und ins Feuer zu werfen; ja, einmal nahm er einen kleinen
Knaben, welcher in den Armen seiner Eltern ruhte, während
sie schliefen, und warf ihn ins Feuer. Durch das Geschrei des
Kindes wurden die Eltern aufgeweckt und entrissen mit Mühe
den Kleinen den Flammen, und noch viel Schreckliches erdul=
dete dieselbe Familie von dem bösen Geiste, und kein Priester
vermochte ihn zu vertreiben, bis Willibrord, der heilige Mann,
auf die Bitte des Hausvaters ihnen geweihtes Wasser schickte.
Er befahl zugleich, allen Hausrath hinaus zu tragen und mit
diesem Wasser zu besprengen, weil er im Geiste vorhersah, daß
das Haus von Feuersflammen verzehrt werden müsse. Sobald
es geschehen war, ergriff das Feuer, ausgehend von dem Orte,
wo das Bett gestanden hatte, das leere Haus und verzehrte es
vollständig. Nachdem dann aber auf demselben Platze ein an=
deres Haus, geheiligt durch geweihtes Wasser, erbaut war,
hatten sie darin nichts mehr von der früheren Heimsuchung zu
leiden, sondern lebten in Ruhe und Frieden und dankten Gott,
welcher sie durch seinen Diener zu erlösen geruht hatte.

23. Derselbe gottgeliebte Mann sagte auch mit propheti=
schem Geiste mehreres voraus, was nachher durch den Verlauf
der Dinge als wahr erwiesen wurde. Er taufte also Pippin [1],
den Sohn des tapferen Frankenherzogs Karl, den Vater dieses
glorreichen Karl, welcher jetzt mit höchstem Siegesruhm und

---

[1] Geboren 714 oder 715.

würdigem Glanze das Reich der Franken beherrscht. Von die=
sem Pippin, Karls Vater, hat der heilige Mann prophetischen
Geistes vor seinen Jüngern folgende Weissagung verkündigt:
„Wisset, daß dieses Kind sehr erhaben und ruhmvoll sein wird,
und größer als alle Herzoge der Franken vor ihm." Die Wahr=
heit dieser Weissagung ist zu unseren Zeiten erprobt, und es
ist überflüssig durch Zeugen zu erweisen, was die Ueberzeugung
des ganzen Reiches anerkennt. Denn alles Volk weiß, wegen
welcher Triumphe er als der erhabenste Sieger gefeiert wird,
oder wie sehr er die Grenzen unseres Reiches erweitert hat,
oder was er zur Verteidigung der heiligen Kirche Gottes bei
fremden Völkern ausgeführt hat. Das alles kann besser durch
den Augenschein erkannt, als mit Worten dargelegt werden.

24. Es war aber der heilige Mann hervorragend durch
jegliche Würdigkeit, von ansehnlicher Gestalt, ehrbarem Ansehen,
schön von Angesicht, fröhlichen Herzens, voll weisen Rathes,
von lieblicher Rede, würdevollem Benehmen, und thatkräftig zu
allem Gotteswerk. Von wie großer Langmuth er war, ist in
seinen oben beschriebenen Handlungen dargelegt; wie vielen Eifer
er aber hatte, das Evangelium Christi zu verkündigen, oder
wie ihn bei dieser seiner Predigt die Gnade Gottes unterstützte,
das brauchen wir nicht zu schildern, da es durch das Zeugniß
des ganzen Volkes erwiesen wird. Seinen geheimen Lebens=
wandel aber in Nachtwachen und Gebet, in Fasten und Psalm=
singen, können wir aus der Heiligkeit seines Lebens und den
Wunderzeichen entnehmen. Seine Liebe zeigt seine unabläffige
Anstrengung, welche er täglich um des Namens Christi willen
ertrug.

Dieser heilige Mann aber, welcher alle Tage seines Lebens
hindurch im Werke Gottes Fortschritte machte, Gott wohlge=
fällig und freundlich gegen alles Volk, wurde zu den Zeiten
des alten Karl, des tapfersten Herzogs der Franken, in hohem

Alter und in der Fülle der Tage, welche aller Vollkommenheit
voll waren, zu seinen Vätern versammelt, um die vielfältige
Frucht seiner Arbeit von Gott zu empfangen; er verließ diese
Welt, um den Himmel zu besitzen und Christus ohne Ende in
der ewigen Herrlichkeit zu schauen, in dessen Liebe er, so lange
er unter uns lebte, nicht aufhörte zu arbeiten. Am sechsten
Tage des Monats November wanderte er aus dieser Pilger=
schaft zur ewigen Heimat[1], und ist begraben im Kloster Aefter=
naco, welches er selbst Gott, wie wir vorher berichtet haben,
errichtet hatte.[2] Dort geschehen bis auf den heutigen Tag
durch die Kraft der Barmherzigkeit Gottes unausgesetzt Wun=
derzeichen und Heilungen an den Reliquien des heiligen Prie=
sters Gottes.

---

[1] Wahrscheinlich im J. 738. — [2] Ein solcher Bericht ist nicht dagewesen.

II

Das Leben Gregors von Utrecht von Liudger.

Uebersetzt von G. Grandaur.

Einleitung.

Dem Leben Willibrords schließt sich zunächst das Leben Gregors von Utrecht an, welcher sein Werk fortsetzte, zwar nicht als Bischof, aber als Abt des Martinstiftes, und vorzüglich mit größtem Eifer beschäftigt, für die zahlreichen neu errichteten Kirchen die Geistlichkeit, deren sie bedurften, auszubilden. Zu seinen Schülern gehörte auch Liudger, zwanzig Jahre lang sein Schüler und Gehülfe, und dieser hat uns die Beschreibung seines Lebens hinterlassen, geschrieben mit einer ungewöhnlichen Wärme liebevoller Verehrung, welche einen wohlthuenden Eindruck macht und das Herz des Lesers gewinnt. Daß er seinen Meister als Vorbild hinstellte und an die Erzählung stets erbauliche Betrachtungen anknüpft, dürfen wir ihm nicht verübeln, wenn auch in der Uebersetzung diese predigtartigen Theile übergangen werden konnten. Zu bedauern aber ist, daß so wenig bestimmte Thatsachen mitgetheilt werden, so wenig Zeitangaben vorkommen. Für Liudger war das nebensächlich, aber in seinen Nachrichten vom heil. Bonifazius hat er in dieser Beziehung gar zu arge Fehler gemacht, obgleich ihm dessen Lebensbeschreibung von Willibald bekannt war. Werthvoll ist dennoch, was er von Bonifazius erzählt, den er noch selbst gesehen hatte: lebendig läßt er uns hineinblicken in das Missionswerk in Thüringen. Von der Utrechter Zeit dagegen theilt er uns gar zu wenig mit, und da er über Marchelm und Albrich mehr Nachrichten verheißt, welche sich nirgends finden, so liegt die Vermuthung nahe, daß ein zweites Buch vorhanden gewesen, aber schon frühzeitig verloren ist.

Von dem lateinischen Text ist keine alte Handschrift bekannt; doch hat mit Benutzung verschiedener Hülfsmittel O. Holder-Egger, Mon. Germ. SS. XV, 63—79, die erste kritische Ausgabe hergestellt, welche den etwas schwülstigen und überladenen Stil deutlicher hervortreten läßt, als die früheren, auch einige Fehler verbessert.

W. Wattenbach.

Vorwort.

Wir werden durch die heilige Schrift ermahnt, daß wir den Herrn lieben sollen aus ganzem Herzen, den Nächsten aber wie uns selbst, und daß wir jene wahrhaft für unsere Nächsten halten sollen, welche mehr auf geistige als auf leibliche Güter bedacht sind und bis zum letzten Tage nicht unterlassen, sich zu deren Erlangung durch gute Werke vorzubereiten, welche die leibliche Geburt nicht aufbläht, die geistige Wiedergeburt aber Frucht tragen und gedeihen läßt. Diese Liebe, welche sich durch Werthschätzung zeigt, müssen wir zwar allen unseren Mitgenossen des katholischen Glaubens erweisen, am meisten aber doch den heiligen Vätern und unseren Vorgesetzten, wie uns der heilige Apostel ermahnt, indem er sagt: „Wir bitten euch aber, Brüder, seid zugethan denen, welche arbeiten unter euch und euch im Herrn vorstehen und euch ermahnen; achtet sie um so mehr hoch mit Liebe, ihres Werkes willen; lebet in Frieden mit ihnen [1]." Was bedeutet diese Stelle, durch welche uns vorgeschrieben wird, unsere Vorgesetzten mehr als die Uebrigen zu achten, wenn nicht, daß wir ihnen, so lange sie leben, in aufrichtiger Absicht die ihnen gebührende Verehrung und Gehorsam erweisen und nach ihrem Tode ihr frommes und erbauliches Beispiel niemals unserem Gedächtnisse entschwinden lassen,

[1] 1 Thess. 5, 12. 13.

aber auch zur Erbauung Anderer dasselbe ohne Unterlaß durch
unsere Rede aufzufrischen und zu verbreiten nicht ermangeln,
damit dies wirklich geschehen könne, wozu derselbe Apostel an
einer andern Stelle in Betreff der heiligen Väter ermahnt:
„Schauet auf den Ausgang ihres Wandels und folget ihrem
Glauben nach[1]." Damit wir, wenn wir in dieser Sterblich=
keit ihr Beispiel in Gedanken und in der That treu bewahren,
in der künftigen Unsterblichkeit nach dem Ausspruche des Evan=
geliums die Freude unseres Herrn zugleich mit ihnen sehen und
genießen. Wenn wir dahin gelangen und mit der unverdienten
Gnade Christi eingegangen sind, wird für alle Zeiten Niemand
uns die ewige Seligkeit rauben, weil wir dazu von Anfang an
nach dem gnädigen Rathschlusse des Schöpfers bestimmt und
nach dem Sündenfalle des ersten Menschen durch den Tod des
Erlösers in gnädiger Heimsuchung erneuert sind. Und wir wer=
den dahin gelangen am Tage unseres Todes, wenn wir in den
Tagen unserer Sterblichkeit mit unerschütterlicher Hoffnung die
Lehren der heiligen Väter befolgen und wenn Gott immer der
vorzüglichste Gegenstand unserer Freude ist. Weil es also, wie
gesagt, nach dem Zeugnisse der heiligen Schrift offenbar ist,
daß wir mit Recht den heiligen Vätern Ehre erweisen, und
mit Ausnahme der göttlichen Gebote nichts ihren Ermahnungen
und ihrem Beispiele, welches uns die richtigste Art zu leben
zeigt, vorziehen, so will ich suchen, kurz zu zeigen, zu wessen
Verehrung und Gedächtnisse ich diese Einleitung vorausgeschickt
habe, indem ich mit der Gnade Christi und unter dem Bei=
stande seiner Verdienste nur wenige Capitel von seinen unzäh=
ligen frommen Handlungen schreibe.

---

[1] Hebr. 13, 7.

1. Ich handle nämlich von dem Herrn Abte Gregor, meinem Erzieher von Kindheit an, welcher, dem Fleische nach aus edlem fränkischen Geschlechte geboren, durch Adel der Sitten und durch seine weisen Lehren den weltlichen Adel zierte und übertraf. Diesen geistigen Adel und diese Klugheit erwarb er sich bei dem heiligen Erzbischof und Märtyrer Bonifazius, seinem Lehrer, welcher zu Zeiten des sehr edlen Fürsten und Königs[1] der Franken, des älteren Karl[2] aus Britannien vom Volke der Angeln wie der Morgenstern ins Frankenland kam, aber unter den Königen Karlmann[3] und Pippin, den glorreichen Söhnen des Königs Karl, gleich der Sonne, wenn sie in ihrer Kraft strahlt, die Strahlen seiner Heiligkeit und seiner Lehre weithin verbreitete und fast alle Reiche der Franken, so lange er dem Leibe nach lebte, mit der ergiebigen Speise seiner Lehre erquickte und sie im Glauben und im Leben verbesserte. Nachdem er aber durch den heiligen Martertod von dieser Welt geschieden war, ließ er diese Reiche der Franken durch die auserwählten Samenkörner seiner Schüler nach dem Beispiele der göttlichen Saat Frucht bringen und wachsen bis auf den heutigen Tag. Unter diesen wurde der heilige Gregor wie ein hell leuchtendes Gestirn und eine Säule Gottes erfunden, der nach dem Tode seines Lehrers[4] in den Tagen des frommen

---

[1] Vielmehr major domus.

[2] So nennen Liudger und Altfrid Karl Martell im Gegensatze zu Karl dem Großen, welchen sie den jüngeren nennen. — [3] War nicht König.

[4] Im Jahre 754 oder 755; W. Arndt in der Uebersetzung seiner Lebensbeschreibung entscheidet sich für das Jahr 755.

und gütigen Königs Pippin als Nachfolger zu dem Volke der
Friesen um zu predigen und zu unterrichten gesandt wurde.
Seinem Meister, dem Märtyrer Bonifazius, hing der heilige
Gregor von Anfang her an und ließ sich in die Zahl seiner
Schüler aufnehmen.

2. Als der von Gott auserwählte Märtyrer Bonifazius
nach dreizehnjähriger Pilgerfahrt in Friesland [1], während deren
er auf der Südseite des Almarus [2] als armer Bote des Evangeliums und fast ganz allein seinen Aufenthalt an drei Orten
genommen, deren Namen folgende sind: Wyrde [3] am Ufer des
Rheines, wo er sieben Jahre lang wohnte, Attingahem [4] am
Flusse Fehta [5], wo er drei Jahre lang wohnte und wo er den
ersten Schüler Namens Gemberht mit dem Beinamen Gebbo
hatte, und Felisa [6], welches den unwissenden Heiden näher lag
und wo er gleichfalls drei Jahre lang wohnte — als er, wie
gesagt, nach Verlauf dieser dreizehn Jahre, von Gott gemahnt,
zu den Hessen und Thüringern und in die östlichen Länder der
Franken zu ziehen im Begriffe war, um diese Völker für Gott
zu gewinnen [7], kam er in das Frauenkloster Palatiolum [8] nahe
bei der Stadt Trier am Ufer des Flusses Mosel, welchem damals eine Aebtissin Namens Abbula vorstand, eine sehr fromme
und gottesfürchtige Frau. Als diese den Streiter des Herrn
als dürftigen Pilger zu ihrer Herberge kommen sah, empfing
sie ihn freundlich, indem sie jener göttlichen Mahnung folgte:
„Ich bin ein Fremdling gewesen und ihr habt mich beher-
bergt"; [9] und nachdem der heilige Wanderer Bonifazius nach
seiner Gewohnheit das heilsame Meßopfer dargebracht hatte,

---

[1] Bonifazius war nur vom Jahre 716 bis 717, dann wieder von 719 bis 722
in Friesland, wie aus Willibalds Leben des Bonifazius und den Briefen des Heiligen
ersichtlich wird, die Zahl 13 ist demnach viel zu hoch gegriffen, und was über den
Aufenthalt in den einzelnen friesländischen Orten berichtet wird, falsch.

[2] Zuydersee. — [3] Wörden unterhalb Utrecht. — [4] Vermuthlich Achtienhoven,
Provinz Utrecht. — [5] Vecht. — [6] Velzen, nördlich von Harlem am Y. — [7] Im
Jahre 722. — [8] Pfalzel. — [9] Matth. 25, 35.

wie er dies fast jeden Tag that, setzten sie sich zu Tische, näm=
lich er selbst und die Magd des Herrn, Aebtissin Abbula, mit
ihrer Gemeinde. Als sie aber bei Tische saßen, wollten sie
beim heiligen Mahle sich nicht mit Wein füllen, sondern viel=
mehr Trost in der heiligen Schrift suchen, damit durch deren
Anhörung ihr Glaube entzündet und ihre Hoffnung und Liebe
zu Gott erneuert würde, welcher will, daß alle Menschen selig
werden und zur Erkenntniß der Wahrheit gelangen. Nun wurde
ein Vorleser gesucht und nach göttlicher Anordnung fand man
den auserwählten Knaben Gregor, der um diese Zeit, noch im
weltlichen Gewande und etwa vierzehn oder fünfzehn Jahre
alt [1], eben von der Schule und der Pfalz [2] zurückgekehrt und
zu seiner Großmutter gekommen war, nämlich zu der Mutter
seines Vaters Albrich [3], der oben genannten gottesfürchtigen Aeb=
tissin Abbula. Es wurde ihm ein Buch gegeben und nach em=
pfangenem Segen begann er zu lesen, und für sein Alter gut
zu lesen. Nachdem er aber die Lesung beendet und nach kirch=
lichem Gebrauche mit Gebet geschlossen hatte, sprach ihn der
heilige Lehrer, der die Fähigkeit und das Geschick des Jüng=
lings erkannt hatte, mit folgenden lobenden Worten an: „Du
liesest gut, mein Sohn, verstehst du auch, was du liesest?“
Jener aber, der zu dieser Zeit nach den Worten des Apostels [4]
noch dachte wie ein Kind und sprach wie ein Kind, antwortete,
er verstände was er gelesen. Aber der Heilige redete nach den
Regeln der Vernunft weiter mit ihm und sprach: „Sage mir,
wie verstehst du, was du liesest?“ Dieser dagegen begann seine
Lesung von vorne und wollte wieder lesen wie das erstemal.
Der treffliche Lehrer jedoch unterbrach ihn mit den Worten:
„Nicht also, mein Sohn, ich bitte, sage mir jetzt, was du ge=

---

[1] Demnach ist Gregor um das Jahr 707 geboren.
[2] Er hatte also die Hofschule besucht; seine Großmutter Abbula soll eine Tochter
Dagoberts II gewesen sein, nach einer freilich nicht unverdächtigen Urkunde. W.
[3] Der Vater dieses Albrich ist nicht bekannt. — [4] 1 Kor. 13, 11.

lesen, aber in deiner Mundart und in deiner Muttersprache."
Dieser, auf richtige Weise von seinem Meister überführt, fand
keinen Ausweg mehr und gestand, daß er dies nicht thun
könnte. Da sprach der heilige Bonifazius: „Willst du, mein
Sohn, daß ich es dir erkläre?" worauf dieser: „Ich will,"
Bonifazius aber: „Wiederhole von Anfang deine Lesung und
lies langsam," was dieser auch that. Darauf nahm der heilige Meister das Wort und begann, mit erhobener Stimme der
Mutter und der ganzen Gemeinde zu predigen. Aus welcher
Quelle diese Predigt kam, das wurde sofort ersichtlich an der
Sinnesänderung des talentvollen und fähigen jungen Gregor,
weil nicht durch menschliche Beredsamkeit, welche die Leute oft
eine Zeit lang täuscht, sondern durch die Gnade des heiligen
Geistes gemäß dem Versprechen des Evangeliums[1] Ströme des
lebendigen Wassers aus dem Leibe des Lehrers flossen, hervor-
sprudelnd zum ewigen Leben und das gelehrige und empfäng-
liche Herz des jungen Gregor mit solcher Kraft und so rasch
durchdringend, daß er auf diese eine Predigt und Ermahnung
eines bis dahin unbekannten Lehrers seiner Eltern und seines
Vaterlandes vergaß. Von der Stunde an, wo der heilige Lehrer
seinen Vortrag beendet hatte, wollte er nicht wieder von ihm
getrennt sein, ging zu seiner Großmutter, der genannten ehrwürdigen Aebtissin Abbula, und sagte, er wollte mit diesem
Manne ziehen und, um die göttlichen Bücher kennen zu lernen,
sein Schüler werden. Jene aber, von fleischlicher Liebe befangen, wies ihn sofort zurück und erklärte, dies könnte auf keinen
Fall geschehen. Aber wie geschrieben steht[2], „viele Gewässer
konnten die Liebe nicht erlöschen," so beharrte der junge Gregor
auf seinem Entschlusse und sprach zu seiner Großmutter: „Wenn
du mir kein Pferd geben willst, daß ich mit ihm reiten kann,
so werde ich ohne Zweifel zu Fuß mit ihm ziehen." Und so

---

¹) Joh. 7, 38. — ²) Hohes Lied 8, 7.

stritten sie längere Zeit über die Reise des Jünglings hin und her; endlich aber trug die Liebe des auserwählten jungen Gregor, wie es billig war, den Sieg über die nur fleischliche Liebe der Frau davon. Die Dienerin Gottes Abbula gab ihm selbst, weil sie eine verständige Frau war und den unbeugsamen Sinn des Jünglings erkannte, Diener und Pferde und ließ ihn mit dem heiligen Lehrer ziehen zu dem Werke, das sie bis zu seinem Martertode gemeinschaftlich vollbrachten. . . . .

. . . Darauf setzten die Auserwählten Gottes die beabsichtigte Reise fort und kamen nach Thüringen. Zur Vermehrung ihres Verdienstes und zur Erprobung ihrer Standhaftigkeit und Ausdauer fanden sie dieses Volk in so großer Armuth, daß kaum Einer etwas hatte, wovon er leben konnte, wenn er es nicht von weither sammelte, um damit für kurze Zeit seiner Noth abzuhelfen. Denn jene ganze Gegend, welche an die aufständigen Heiden grenzte, war zu jener Zeit durch Feindes Hand verbrannt und verheert. Aber dieser Nothzustand konnte die Diener Gottes und Prediger des Volkes Gottes keineswegs schrecken, so daß sie deswegen sich dem Amte entzogen hätten, ihnen den ganzen Rathschluß Gottes zu verkündigen. Vielmehr fingen sie nach dem Beispiele der Apostel an, durch ihrer Hände Arbeit sich und denjenigen, welche mit ihnen waren, das Nöthige zu verschaffen, und bei jenem Volke in seinen Prüfungen unerschütterlich auszuharren, allenthalben zu predigen und zum himmlischen Reiche einzuladen. Bei solchen Bemühungen verharrend hatten sie, wie in den ersten Zeiten der Kirche, ein Herz und einen Sinn, und Gott vermehrte täglich ansehnlich die Zahl derjenigen, welche gerettet werden sollten. Der Ruf des heiligen Lehrers und zukünftigen Märtyrers Bonifazius verbreitete sich über alle östliche Reiche der Franken, und auch der auserwählte junge Gregor nahm in seiner Schule zu, wie an Alter, so an Weisheit und wurde seinem Lehrer so lieb, daß

er ihn wie seinen einzigen Sohn schätzte, an dem er bereits
einen treuen Gehilfen hatte bei jeglichem guten Werke. Diese
Erfolge der Auserwählten Gottes wurden aber nicht errungen
in Reichthum und weltlichen Vergnügungen, noch in Sicherheit
und Wohlsein des zeitlichen Lebens, sondern in Hunger und
Blöße unter vielen Beschwerden; bei welchen sie gezwungen
waren, von der Arbeit ihrer Hände zu leben und öfters vor
den Verfolgungen der benachbarten Heiden unter Todesgefahr
zugleich mit ihrem Volke in die Stadt[1] zu fliehen, wo sie bei
kärglichem Brode und unter Sorgen mehrere Tage zubringen
mußten, bis die Bürger ihre Streitkräfte gesammelt hatten und
die Feinde mit Uebermacht wieder vertrieben. Weil sich aber
diese Kämpfe zwischen Heiden und Christen unzählige male
wiederholten, so wurde eine beträchtliche Strecke jener Gegend
hüben und drüben zur Einöde. Bei diesem heftigen und ge-
waltigen Streiten jener Tage, unter Kampf und Kampfgetüm-
mel, ließ sich der auserwählte Hirte Bonifazius niemals von
der Bewachung und dem Unterrichte seiner Herde abhalten, vielmehr war er um so mehr entschlossen und bereit, sein Leben
für seine Schafe zu geben, je öfter und je heftiger er die Wuth
der Wölfe drohen sah. Eben so verharrte auch Gregor, sein
treuer Schüler und unermüdlicher Gehilfe, bei dem Meister im
Weinberge des Herrn und wurde in Bewachung und Führung
der Gemeinde ein zweiter Hirte Christi. Dies währte auf diese
Weise so lange, bis durch die Gnade Gottes die christliche Macht
den Sieg davon trug und den Gemeinden Gottes ein ungestörter
Friede zurückgegeben wurde. Dieselben wurden ohne Unterlaß
erbaut, wuchsen und nahmen zu in der Furcht des Herrn, wie

---

[1] Städte gab es damals in Thüringen nicht, und wir haben uns diese civitas
zu denken als einen Ringwall, in welchen die Bevölkerung flüchtet, welche nun mit
dem Namen cives bezeichnet wird. So ist es auch zu verstehen, wenn Bonifazius
Erfurt als eine urbs paganorum rusticorum bezeichnet. Solcher Art sind die
Bauernburgen der Siebenbürger Sachsen. W.

man dies heutzutage sieht, wenn man einen Blick auf jene Ge=
genden wirft. . . . .

3. Darauf begannen die vornehmeren und einsichtigeren
Franken, welche Gelegenheit hatten, den auserwählten Mär=
tyrer Bonifazius und seine Schüler, den ehrwürdigen Gregor
und dessen Gefährten, in ihren erfolgreichen Arbeiten und in
ihrer unerschütterlichen Ausdauer kennen zu lernen, von Tag
zu Tag mehr, ihnen ihre Habe darzubringen und ihre Fröm=
migkeit und Einigkeit dem Könige der Franken, dem älteren
Karl, zu rühmen. Dieser wollte auch selbst den Mann Gottes
Bonifazius sehen und ließ ihn zu sich entbieten.[1] Als er kam,
wurde er anfangs nicht gleich mit der ihm gebührenden Ehre
empfangen[2] und demgemäß hingehalten, weil einige falsche Leh=
rer und Schmeichler[3] es gewagt, den Ruf des heiligen Man=
nes und seiner Schüler beim Könige anzuschwärzen und zu ver=
ringern. Gleichwohl nahm von diesem Tage an die Liebe und
Ehrfurcht vor dem Manne Gottes und seinen Schülern zu bei
Allen, welche den Glauben und das Leben derselben kennen zu
lernen und zu erforschen in tiefster Seele verlangten, und es
wurde nach dem Ausspruche des Evangeliums[4] die Weisheit
gerechtfertigt von allen ihren Kindern. Die Auserwählten Got=
tes kehrten nach Hause zurück und verharrten mit aller Ent=
schlossenheit bei ihrem begonnenen guten Werke unter den Thü=
ringern und Hessen, welche damals wegen der Nähe der Heiden
und wegen der Unwissenheit des Volkes ihrer Lehre und Un=
terweisung am meisten bedurften. Sie fingen daselbst auch an,

---

[1]) Das erste mal kam Bonifazius aus eigenem Antriebe zu Karl Martell, und
zwar im Jahre 723, auf der Rückkehr von seiner zweiten Romreise; bis dahin hatte
er nur wenige Monate des Jahres 722 in Thüringen und Hessen zugebracht.

[2]) Willibald sagt, er sei von Karl „ehrerbietig aufgenommen" worden.

[3]) Man weiß nicht, wer diese Gegner waren; vielleicht sind die später als Ketzer
erklärten Aldebrecht und Clemens gemeint. (Nach dem, was im 4. Kap. von ihnen
gesagt wird, scheinen mir vielmehr fränkische Bischöfe gemeint zu sein. W.)

[4]) Luc. 7, 35.

kleine Orte und Grundstücke von jenen anzunehmen, welche die=
selben aus Liebe zu Gott und zum Heile ihrer Seelen dar=
brachten, Kirchen darauf zu erbauen und dadurch, wie durch
ihre Predigten, mit dem Segen Gottes großen Nutzen zu stiften.
Von diesen Orten ist einer Erpesford⁵ in Thüringen und ein
anderer Frideshlar⁶ in Hessen, mit noch einigen anderen, welche
die Auserwählten Gottes gründeten und mit Gottesdienst zierten.
Der Reichthum dieser Orte wuchs, die Zahl der Schüler wuchs
und wurde durch ihre Arbeiten nützlich; es wuchs auch der
fromme Jüngling Gregor mit seinem heiligen Lehrer in jeg=
lichem guten Werke.

4. Während dies so durch die Auserwählten Gottes, Bo=
nifazius und seine Schüler, geschah, folgten dem Vater Karl
die frommen Söhne Karlmann und Pippin¹ in der Regierung,
da der Vater die Schuld alles Fleisches bezahlte und von die=
ser Welt hinüber ging. Und da die frommen Söhne dem Va=
ter in der Regierung folgten und durch die Gnade Christi
allenthalben weniger durch Kriege beunruhigt waren als ihr
Vater, fingen sie auf die Eingebung Gottes an, dem Gottes=
dienste in ihrem Reiche mehr Aufmerksamkeit zu schenken und
denselben zu verbessern. Dies erfuhr der heilige Bonifazius,
der zukünftige Märtyrer, und seine Schüler und sie begannen
den Hof fleißiger zu besuchen als früher, sich mit den Königen
zu unterreden und mit der ihnen von Gott gegebenen Weisheit
den Leuten bei Hof selbst zu predigen. Und bei den genann=
ten Königen und dem ganzen Volke der Franken stiegen sie so
sehr in der Gunst, daß Alle einstimmig erklärten, der heilige
Bonifazius wäre des bischöflichen Amtes und aller Ehren am
würdigsten, mit Ausnahme jener falschen Lehrer und Schmeich=
ler, von welchen ich oben gesprochen, die ihn sogar zu ermor=
den suchten. Aber der Herr, sein Beschützer, ließ ihn nicht in

---

¹) Erfurt. — ²) Fritzlar. — ³) Im Jahre 741.

ihre boshaften Hände fallen, bis er nach dem Ausspruche des Evangeliums[1] verkündigte seinen Arm Kindeskindern und seine Kraft Allen, die noch kommen sollten. Sie fingen daher an, ihm zu widersprechen und ihn zu verleumden, und behaupteten, er wäre des bischöflichen Amtes nicht würdig, weil er ein Ausländer war. Die Laien waren aber damals um so viel gesünderer Ansicht als die Geistlichen, daß sie erkannten, die Weisheit und Gnade Gottes wohne diesem Manne inne, so daß der Heilige, je mehr diese verkehrtesten, ich sage nicht Bischöfe, weil dieser Name ihnen unverdient gegeben wurde, denselben anzuschwärzen suchten, um so mehr von Allen geliebt und mit Lobsprüchen erhoben wurde, bis sie deshalb in Streit geriethen vor den Königen und vor dem gesammten Rathe des Frankenvolkes. Aber was nützt es, von jenem Streite zu sprechen, den sie untereinander hatten, nämlich jene Verkehrtesten, die ich nicht nennen will, einerseits und der heilige Bonifazius mit seinen Schülern, Gregor und dessen Gefährten, andrerseits; weil die Feinde beschämt und widerlegt vom gesammten Rathe und den Königen selbst von dannen gingen und der heilige Bonifazius, der zukünftige Märtyrer, dahin gelangte, daß er ohne Widerspruch und einstimmig zu der erhabensten Bischofswürde erkoren und Mainz ihm von den Königen als Metropolitansitz angewiesen wurde[2], um denselben zu behüten und zu regieren. Wie sehr von diesem Tage an seine Weisheit im ganzen Frankenreiche bekannt wurde und wie viele Kirchenversammlungen er zur Besserung des Volkes mit den frommen Königen abgehalten, das soll jetzt in diesem Büchlein nicht gesagt werden, da er gleich der Sonne im Tempel Gottes strahlte und durch seine Predigten und sein Beispiel alle Uebel heidnischer und ketze-

---

[1] Psalm 70, 18.

[2] Dies geschah nicht gleich bei seiner Ordination als Bischof, sondern erst zwischen den Jahren 745 und 747; zum Bischof war er schon 722 geweiht.

rischer Bosheit verscheuchte, und weil dies Alles in dem Buche, das über sein Leiden geschrieben wurde[1], vollständig und ausführlich mitgetheilt ist.

5. Bei dem Allem wurde er aber nicht wenig unterstützt von seinen auserwählten Schülern, welche nach ihrem Meister die berühmtesten Prediger und Säulen der Kirche Gottes waren und deren jeder seine Stadt und Gegend gleich dem in der Frühe aufgehenden Morgenstern erleuchtete, durch Beispiel nämlich und Unterricht. Der heilige Gregor erleuchtete die alte Stadt Trajectum und den weitberühmten Flecken Dorstadt[2], mit jenem Theile Frieslands, der damals zur Christenheit gerechnet wurde, nämlich bis zum westlichen Ufer des Lagbeti[3], wo, so lange König Pippin lebte, die Grenze zwischen den christlichen und heidnischen Friesen war. Lullus besorgte die Metropolitanstadt Mainz mit dem größten Theile der Ostfranken, welche in dem Sprengel dieser Stadt wohnen. Megingod, der ehrwürdige Vater und Hirte der ihm anvertrauten Herde, würzte mit dem Salze seiner Weisheit und seiner Lehre und überwachte die Stadt Wirzeburg mit der umliegenden Gegend.[4] Auf gleiche Weise besserte und bewachte Willibald, der von Gott auserwählte Vorsteher, das Bisthum, das jetzt Hehstedi[5] genannt wird, in dem uns zunächst liegenden Theile Bayerns, das heißt im Nordgau, das er[6], wie ein frommer Vater, neu errichtet hatte. Auch der Bruder des genannten Willibald, der Priester Winnibald[7], meinem Erzieher, dem heiligen Gregor, sehr theuer, erleuchtete auf das glücklichste seinen Ort und bes=

----

[1] Hier ist ohne Zweifel Willibalds Leben des hl. Bonifazius gemeint, da in der andern, von einem Utrechter Priester verfaßten, Lebensbeschreibung nichts über die von dem Heiligen abgehaltenen Kirchenversammlungen berichtet wird.

[2] Wigk by Duurstede, damals noch ein vielbesuchter Handelsplatz.

[3] Lauwers, mündet in den gleichnamigen Golf zwischen den niederländischen Provinzen Gröningen und Friesland.

[4] Als Nachfolger Burghard's, des ersten Bischofs von Würzburg.

[5] Eichstädt. — [6] Bonifazius. — [7] Abt von Heidenheim.

sen Umgegend und zeigte nach seinem Tode[1] durch staunens=
werthe Wunder, was er im Leben gethan. Was aber Sturmi,
der ehrwürdige Abt[2], einer aus jener Zahl der Auserwählten
Gottes, nach dem Martertode des heiligen Bonifazius in seiner
Einöde Gutes gewirkt hat, das bezeugt der Wald Bocanna[3],
der früher gänzlich unbewohnt und wüst war, jetzt aber von
Ost nach West und von Nord nach Süd mit Kirchen Gottes
und erlesenen Rebzweigen von Mönchen erfüllt ist. Dieser Abt
Sturmi erlangte auch von Gott und dem heiligen Lehrer vor
seinen übrigen Mitschülern das Vorrecht, daß er diesen Ort,
den sich der Meister zur Grabstätte ausersehen, als erster Abt
besitzen und leiten, und den gemarterten heiligen Leib daselbst
aufnehmen durfte, und er machte denselben so angesehen und
berühmt, daß er vor seinem Abscheiden von dieser Welt[4] in
dem am Flusse Fulda erbauten Kloster der Vater und Lehrer
von ungefähr vierhundert Mönchen war, die Novizen und an=
dere geringere Leute, deren es sehr viele gab, nicht eingerechnet.

6. Zwei von diesen Auserwählten Gottes, Wigbert[5] und
Burghard[6], verließen diese Welt vor ihrem Lehrer. . . . .

7. Darauf wurde der heilige Bonifazius, der zukünftige
Märtyrer, auf Befehl der frommen Könige mit Beistimmung
des gesammten Rathes der Franken nach Rom zu dem Papste
Gregor, dem dritten dieses Namens, vom ersten an gerechnet,
geschickt, um zum Bischof geweiht zu werden.[7] Daselbst wurde
ihm zugleich mit der bischöflichen Weihe wegen der ihm von
Gott verliehenen gesegneten Wohlredenheit vom Papste der Name
Bonifazius gegeben[8], der jetzt allgemein bekannt und verbreitet
ist, während er früher Winfrid genannt wurde. . . . .

---

[1]) Im Jahre 761. — [2]) Von Fulda. — [3]) Buchonia, die Umgegend der Stadt
Fulda. — [4]) Am 16. December 779. -- [5]) Abt von Fritzlar. — [6]) Bischof von
Würzburg. — [7]) Bonifazius wurde bereits im Jahre 722, bei seiner zweiten Rom=
reise, von Papst Gregor II zum Bischof geweiht. — [8]) Dasselbe berichtet Willibald
in seinem Leben des Bonifazius von Gregor II.

8. Auf dieser Reise, bei welcher der heilige Märtyrer Bonifazius zu Rom, wie gesagt, durch die heilige Weihe erhöht
wurde, blieb mein Erzieher, der heilige Gregor, als unermüdlicher Begleiter bei seinem erwählten Lehrer, ging und kam
nach seinen Befehlen, wie er es immer gewohnt war bei jedem
guten Werke. Und nicht nur erwarb er sich auf dieser Reise
das Verdienst der Demuth und des Gehorsams, wie es den
Jüngeren zukommt, in Allem den Aelteren und höher Gestell-
ten unterthan zu sein, sondern er verschaffte sich daselbst mit
der Gnade Gottes auch mehrere Bücher heiliger Schriften und
brachte sie mit nicht geringer Mühe von dort nach Hause zu
seinem und seiner Schüler Nutzen. Auch zwei Knaben, die
Brüder Marchelm[1] und Marcwin, vom Volke der Angeln,
nahm er mit Erlaubniß seines Meisters als Schüler mit sich.
Von Marchelm, dem älteren der beiden, einem frommen und
heiligen Manne, werde ich, wie es gebührt, an geeigneter Stelle
mit Gottes Hilfe mehr sagen.[2] Darauf kehrte die glückselige
Gesellschaft, nämlich der heilige Lehrer und seine auserwählten
Schüler, durch eigenes Verdienst und durch das Gebet der gesammten Geistlichkeit und Familie des heiligen Petrus dem
Herrn und seinen Heiligen empfohlen, nach Hause zurück, von
jenem Tage an fortschreitend und wachsend in jeglichem guten
Werke, indem sie die Wege des Herrn wiesen, die sie selbst
gingen, und nicht nur das Volk und die vornehmen Franken,
sondern auch die frommen Könige selbst nicht wenig mit dem
Salze der göttlichen Weisheit durchdrangen. . . . .

9. Weil ich aber bisher gemeinsam und ohne Unterschei-
dung bald von dem heiligen Meister Bonifazius, bald von dem
seligen Gregor, seinem auserwählten Schüler, das Wenige, was

---

[1] Von diesem ist auch in Altfrids „Leben Liudgers" 13. u. 18. die Rede.

[2] Dies geschah vielleicht in dem verloren gegangenen zweiten Theile; in dem
uns erhaltenen wird Marchelms nur im Kap. 10 mit wenigen Worten gedacht.

mir möglich war, aus dem großen Vorrath über ihren heiligen
Wandel zum Nutzen der Hörer und zum Vorbild für die Nach=
welt aufgezeichnet habe, so will ich nun hinführo ganz beson=
ders die Thaten und Tugenden des seligen Gregor und das
Andenken seiner heilbringenden Predigt, wodurch ich unwür=
diger von meiner Kindheit an erzogen zu werden, und wobei
zugegen zu sein ich gewürdigt bin, in kurzen Worten mitzu=
theilen nicht unterlassen. Und zunächst glaubte ich von ihm ein
würdiges und der Erinnerung werthes Werk, welches er in
evangelischem Sinne gethan, berichten zu sollen, wodurch er die
Vergebung den Feinden gegenüber mit bewunderungswürdiger
Liebe allen Nachkommen zum heilsamen Vorbild gezeigt hat.
Er hatte von der Seite seines Vaters edle und ausgezeichnete
Brüder; von der Mutter aber waren andere Söhne geboren,
welche an Alter und Vermögen jenen nachstanden und ihnen
dienen mußten. Es geschah nun, daß einige von den älteren
Brüdern, vom Könige sehr geehrt, in die entfernteren Theile
Galliens geschickt wurden, wohin die Jüngeren ihnen folgen
und sich ihnen anschließen mußten. Als sie aber nach einiger
Zeit ihre Verwandten und ihre Heimat aufsuchen wollten und
von ihren Herren Urlaub erhalten hatten, begannen zwei Halb=
brüder meines Lehrers Gregor sich aufzumachen, um nach Fran=
cien, dem Lande ihrer Geburt, gelangen zu können. Unter=
wegs wurden sie, während sie in jugendlicher Kühnheit sorg=
loser, als nöthig war, wanderten, in einem Walde von grau=
samen Räubern umringt und getödtet. Diese traurige Nachricht
konnte ihren Herren nicht verborgen bleiben, welche in jener
Zeit ein ansehnliches Fürstenthum in dieser Gegend hatten. So=
bald sie es erfuhren, schickten sie ringsumher ihre Leute aus,
um die Räuber und Mörder aufzusuchen und zu greifen. Sie
wurden auch gefunden und ergriffen und gebunden vorgeführt.
Und obgleich sie nun jeder Strafe und des grausamsten und

raschen Todes würdig erschienen, so dachten doch die Brüder
wegen der Wertschätzung und Liebe ihres älteren und gemein=
samen Bruders Gregor, diesem nach dem Tode seiner Liebsten
etwas Trost zu gewähren, wenn sie die Mörder zu ihm ge=
langen ließen, auf daß er zur Genugthuung und zur Linderung
seines Schmerzes sie selbst mit der ihm beliebigen Todesart
hinrichten ließe. Das thaten sie auch, und ließen zwei von
ihnen ihm vorführen, indem sie in fleischlicher Weise dachten
nach der thörichten Weisheit dieser Welt, welche nicht ihrer
Feinde in Barmherzigkeit zu schonen versteht. Er aber, als
ein geistlicher Mann, belehrt von dem Herrn Jesus Christus
und seinem heiligen Evangelium, wo, wie er gelernt hatte, ge=
schrieben steht [1]: „Liebet eure Feinde, thut wohl denen, die
euch hassen, auf daß ihr Kinder seid eures Vaters, der im
Himmel ist,“ nahm sie in geistlicher Weise und mit Freuden
auf, indem er bedacht war auf sein eigenes ewiges Heil und
seiner getödteten Brüder Erlösung und auf ein Beispiel, wel=
ches den Nachkommen Nutzen bringe, und ließ sie von den Ban=
den lösen und baden, mit reinen Gewändern kleiden und mit
Speise erquicken. Dann ließ er sie sich vorführen und gebot
ihnen: „Gehet in Frieden und sehet euch vor, daß ihr nicht
wieder eine solche Unthat verübet, damit euch nicht etwas
Schlimmeres zustoße.“ Und er ließ sie in Frieden geleiten und
warnte sie mit väterlicher Liebe, daß sie sich vor seinen übri=
gen Verwandten vorsichtig und sorgsam hüten möchten. . . . . .

10. Aber auch das ist keineswegs mit Stillschweigen zu
übergehen, was ich durch den ehrwürdigen Marchelm erfahren
habe, dessen ich oben gedachte, daß nach dem Martertode des
heiligen Lehrers, durch dessen Heiligkeit mit der Gnade Christi
alle benachbarten Völker erleuchtet wurden, der selige Gregor
selbst von Stephan, dem Bischofe des heiligen Stuhles, und

---

[1] Matth. 5, 44.

von dem erleuchteten und frommen Könige Pippin die Voll=
macht erhielt, in Friesland das Wort Gottes auszusäen, wo
als der erste der heilige Willibrord mit dem Beinamen Cle=
mens, der Erzbischof, mit seinen Schülern durch Bekehrung je=
nes Volkes den Grund des christlichen Glaubens gelegt hat.
Darauf folgte, nachdem dieser im Weinberge des Herrn ergraut
war und den Bischofssitz in dem Orte, der Trajectum und mit
anderem Namen Wiltaburg genannt wird, fest begründet hatte,
der heilige Bonifazius, gleichfalls Erzbischof und Märtyrer [1], den
ich noch mit meinen Augen selbst gesehen habe als einen silber=
haarigen, vom Alter gebeugten Greis, reich an Tugenden und
Verdiensten. Zu dieser Zeit war in seiner Schule, wie ich oben
bemerkt habe, mein Erzieher, der selige Gregor, von Jugend
auf von ihm herangebildet, dem er auch als frommer Erbe
folgte, vom Herrn und von den genannten Fürsten der Kirche
Gottes zum Hirten und Prediger des friesischen Volkes ernannt.
Mit derselben Liebe und Glaubensstärke wie sein Vorgänger,
nämlich der heilige Erzbischof und Bekenner Willibrord und der
heilige Erzbischof und Märtyrer Bonifazius, erleuchtete auch er
zugleich mit seinem Chorbischof und Gehilfen Aluberht, der,
durch hohes Verdienst glänzend, aus Britannien vom Volke der
Angeln gekommen war [2], jenes Volk durch häufigen und lieb=
lichen Unterricht nach Kräften.

11. Daß der selige Gregor auch durch reichen Segen in
seinen Schülern von Gott belohnt ist, das bezweifelt niemand,
der dieses auserlesenen Mannes Verdienste zu erwägen und den
köstlichen Schatz seiner Weisheit zu erforschen nicht verschmäht.
Deshalb scheint auch das des Andenkens werth zu sein, wie er
seine Schüler, indem er mit ihnen ein gemeinsames Leben

---

[1] Bonifazius folgte Willibrord nicht als Bischof von Utrecht, sondern Karl=
mann überwies ihm diesen Sitz, um für denselben einen Bischof zu ernennen und
zu weihen. — [2] Siehe „Leben Liudgers" 10.

führte, wie ein Vater seine Söhne erzog und liebte, und mit
jedem einzelnen in solcher innigen Zuneigung verbunden war,
daß er jenes heilige und herrliche apostolische Zeugniß nicht al=
lein mit den Lippen aussprach zur Erbauung der Hörer, son=
dern auch in der That und Wahrheit allen zur Nachahmung
darstellte, welches über die Berufung und Erwählung aller Völ=
ker von dem seligen Apostel Petrus mit diesen Worten ausge=
sprochen ist[1]: „In allerlei Volk, wer Gott fürchtet und recht
thut, der ist ihm angenehm." Seine Schüler waren nämlich
nicht aus einem Volke, sondern aus der Blüthe aller benach=
barten Völker gesammelt, und von solcher Liebe, Sanftmuth
und geistlicher Heiterkeit beseelt, daß man sonnenklar erkannte,
daß sie von einem geistlichen Vater und von der Mutter aller
Tugenden, der Liebe, hervorgebracht und vereinigt waren. Einige
von ihnen waren von dem edeln Stamme der Franken, einige
von dem frommen Volke der Angeln, einige aber auch aus der
neuen Pflanzung Gottes, die in unseren Tagen bei den Friesen
und Sachsen angelegt war, einige endlich von den Bayern und
Schwaben, welche dieselbe Religion hatten, oder von welchem
Volke oder Volksstamme immer sie Gott schicken mochte. Der
geringste von ihnen bin ich, ein unbedeutender und schwacher
Zögling. Diesen allen, die von überall her in einen Schaf=
stall versammelt waren, reichte der fromme Vater und Hirte
Gregor mit gleicher Aufopferung die geistliche Speise der Leh=
ren und Aussprüche Gottes und die leibliche Nahrung; und er
war von Gott mit solcher Liebe und solchem Eifer zum Unter=
richt seiner Schüler begabt, daß fast kein Tag verging, an dem
er nicht schon am frühen Morgen jedem einzelnen, der kam,
mit väterlicher Sorgfalt, wie es jeder bedurfte, den Becher des
Lebens gereicht und die Herzen seiner Söhne mit Aussprüchen
Gottes erquickt hätte. Sehr viele seiner Schüler waren aber

---

[1] Apostelgesch. 10, 35.

auch von so gutem Adel und mit solchem Talent und solcher
Gottesgelehrtheit begabt, daß sie bis zur Höhe der bischöflichen
oder priesterlichen Würde gelangten und mit Recht dazu beru=
fen wurden. Sehr viele von ihnen aber, welche auf gleiche
Weise erzogen waren, wurden, wenn sie auch nicht zu so hoher
Würde gelangten, doch ihrer Tugenden und Wissenschaften we=
gen hochgeschätzt und ob ihrer Liebe zu Gott so lange sie lebten
von Allen werth gehalten. . . . . .[1]

14. Da nun mein Erzieher, der selige Abt Gregor, bei
solchen Erfolgen und verdienstlichen Arbeiten immer mehr im
Guten zunahm und dem siebzigsten Lebensjahre schon nahe war,
von Gott geliebt und von den Menschen in Allem als gerecht
befunden, nahte der Tag, an welchem der Herr seinen Strei=
ter, um ihn noch mehr zu vervollkommnen, in den Himmel
aufnehmen wollte, auf daß er ihm den Lohn ertheilte, der sei=
nen Tugenden und seinen fruchtbringenden Arbeiten gebührte.
Er wurde auf der linken Seite seines Leibes von jenem Leiden
befallen, das die Aerzte Paralysis nennen, und da dasselbe
von Tag zu Tag zunahm und beschwerlicher wurde, züchtigte
der Herr nach dem Ausspruche der Schrift seinen Sohn wäh=
rend dieser Pilgerschaft, um ihn demnächst in das Vaterland
der himmlischen Wohnungen aufzunehmen. Denn er war drei
Jahre lang vor seinem Tode mit diesem Leiden behaftet. Die
Krankheit war aber von der Art, daß es ihm anfangs noch
möglich war, zu seinem und seiner Untergebenen Heile zu gehen
oder sich an der Hand führen zu lassen und erbauliche Ge=
spräche zu führen. Und dies vergaß er auch keinesweges zu
thun, vielmehr ließ er seinen Zuhörern, wie er es immer ge=
wohnt war, die Bücher des göttlichen Gesetzes und die Ermah=
nungen zu ihrem Seelenheile zukommen. Meinen besseren Mit=

---

[1] In den beiden folgenden Kapiteln werden seine Uneigennützigkeit, sein ent=
haltsames Leben, seine Sorge für die Armen geschildert.

schülern übergab er während seiner Krankheit mehrere Bücher,
und mir, dem unbedeutenden Liudger, gab er das Buch des
heiligen Augustin, welches dieser selbst Enchiridion, das ist
Handbuch, genannt hat.

15. . . . . Im dritten Jahre nach Beginn seiner Krankheit wurde er gleich dem Golde, das im Feuer geläutert wird,
infolge der Schmerzen so schwach, daß er, wohin es immer
nöthig war, getragen werden mußte. Aber auch jetzt ließ der
Ehrwürdige nicht ab vom Werke des Herrn, sondern ließ sich
ohne Unterbrechung entweder die heiligen Bücher vorlesen, oder,
um seinen Geist für das Himmlische zu erwecken, Psalmen singen; und als er seinem Ende nahe war, wurde sein schwacher
Leib, welcher fortdauernd zu Bett liegen mußte, weiß und glänzend wie Milch oder weiße Wolle, so daß die, welche ihn
sahen, daran erkennen konnten, wie rein seine Seele vor den
Augen Gottes war. Da fingen die Verwandten und Freunde
beiderlei Geschlechtes, die bei ihm waren, zu jammern und zu
klagen an, sowohl wegen seines rasch herannahenden Endes als
auch wegen der Zögerung seines geliebten Sohnes Albrich, auf
welchem alle Hoffnung des ganzen Hauses[1] ruhte. Derselbe
war um diese Zeit im königlichen Dienste in Italien beschäftigt
und Niemand wußte, wann er kommen würde. Als dies der
gottgeliebte Vater Gregor hörte, hatte er Mitleid mit den
Trauernden und suchte sie zu trösten, unbekümmert um sich selbst,
aber besorgt um den Sohn, und wie er dies früher und in
gesunden Tagen bei allgemeinen Gesprächen häufig gethan, so
sprach er auch jetzt ein prophetisches Wort, indem er sagte:
„Fürchtet nichts, ich werde nicht sterben ehe er kömmt." Wie
richtig er dies im Geiste vorausgesehen, zeigte der Erfolg, denn
drei oder vier Tage vor seinem Hingange kam der lange er-

---

[1] Nämlich der Utrechter Klosterschule. Albrich war, wie aus dem Leben Liudgers 15. ersichtlich wird, der Neffe Gregors und wurde auch dessen Nachfolger.

sehnte und auserwählte Sohn, unvermuthet und ohne daß außer
seinem geistlichen Vater, der seine Ankunft lange vorher vor-
ausgesagt, Jemand etwas davon gewußt hatte. Und nachdem
sie diese letzten drei oder vier Tage ununterbrochen mit dem
allgemeinen Besten und dem der ganzen Familie[1] beschäftigt
waren, indem sie sich klaren Geistes über alles Beliebige besprochen hatten, kam ihm der letzte Tag dieser Sterblichkeit,
bestimmt zum Einzuge in das himmlische Reich und zur ewigen
Glückseligkeit. Seine Schüler umstanden ihn und wünschten,
ihren Vater, wenn auch krank, noch länger bei sich zu haben,
und beseelt von diesem Wunsche sprachen sie untereinander: „Er
stirbt heute nicht, er stirbt heute nicht." Er aber raffte alle
seine Kräfte zusammen und sprach: „Heute will ich die Freiheit haben." Mit diesen Worten ließ er sich von seinen Schülern zur Kirche von Sanct Salvator tragen und die Thüre
öffnen. Nachdem er dort sein Gebet verrichtet und den heiligen Leib und das Blut des Herrn empfangen hatte, blickte er
zum Altare auf und sein Geist wanderte, schon mit Himmlischem beschäftigt, zum Herrn[2], dem er so lange aufrichtig gedient hatte, unter dem Beistande unseres Herrn Jesus Christus,
der mit dem Vater und heiligen Geiste lebt und regiert, Gott
von Ewigkeit zu Ewigkeit. Amen.

---

[1] Schule. — [2] Er starb nach dem Fragmente eines Utrechter Bischofs-Cata-
loges am 25. Aug. 775. Da aber sein Neffe Albrich noch kurz vor seinem Tode sich
„im königlichen Dienste in Italien befand", wo König Karl im J. 775 bekanntlich
nicht war, so dürfte sein Tod vielleicht richtiger in das Jahr 774 gesetzt werden, in
welchem Falle er allerdings nur siebenundachtzig Jahre alt geworden wäre.

III

Das Leben Liudgers, Bischofs von Münster, von Altfrid.

Uebersetzt von G. Grandaur.

Einleitung.

Liudger, der Verfasser der vorhergehenden Schrift, Gregors Schüler und der Fortseher seines Werkes, dann erster Bischof von Münster in Westfalen, fand einen Biographen erst einige Zeit nach seinem Tode an seinem Neffen Altfrid, seinem zweiten Nachfolger als Bischof (839—849), welcher ihn nicht mehr persönlich gekannt hatte; dagegen hatte er, wie er im Vorwort gesagt, reichliche Mittheilungen von ihren gemeinsamen Anverwandten erhalten. Friesischer Herkunft, wie Liudger, hat er besonders der dort entfalteten Thätigkeit Liudgers seine Aufmerksamkeit zugewandt, und uns sehr werthvolle Nachrichten aufbewahrt über die Thätigkeit, welche in Utrecht aufgeboten wurde, um Missionare und Geistliche für die neubekehrten Länder auszubilden; ferner über Liudgers Abkunft, über die friesische Familie, welcher auch der Verfasser selbst angehörte, die sich ganz dem Dienst des Christenthums geweiht hatte. Dagegen hat Altfrid über die Anfänge des Bisthums Münster, obgleich er schon Bischof gewesen zu sein scheint, als er schrieb, fast nichts berichtet, und was noch auffallender ist, gar nichts über die Stiftung von Werden, für dessen Mönche er doch sein Werk verfaßte. Es mochte ihm das überflüssig erscheinen, und die Legenden, welche sich später an diese Stiftung knüpften, hatten sich vermuthlich noch nicht ausgebildet. Auch hierin hat

dieses Lebensbild die größte Aehnlichkeit mit dem Leben Wil=
librords von Alcuin, welches von Altfrid nicht nur angeführt
und benußt ist, sondern ihm auch bei seiner ganzen Anordnung
als Vorbild gedient hat und häufig wörtlich ausgeschrieben ist.

Der Ueberseßung wurde die sehr sorgfältige neue Ausgabe
von W. Dickamp im 4. Band der Geschichtsquellen des Bis=
thums Münster (1881) zu Grunde gelegt, das zweite Buch
mit den nach Liudgers Tod geschehenen Wundern aber fortge=
lassen.

Berlin, im Mai 1888.

W. Wattenbach.

Vorwort.

Altfrid, durch die Gnade Gottes Bischof, seinen vielgelieb=
ten Brüdern, den Mönchen, welche im Kloster Sanct Salva=
tors und des heiligen Vaters Liudger[1] in Christo dem Herrn
dienen. Eurem Verlangen habe ich deshalb Folge gegeben, weil
ich Eurer Liebe nichts versagen kann. Ihr habt mich mit häu=
figen Bitten bestürmt, daß ich Euch von dem Leben des hei=
ligen Vaters Liudger Einiges aufschreiben möchte, damit sein
so ehrwürdiges Beispiel Vielen zur Erbauung diene. Obgleich
ich mich nun der Vollendung eines so gelehrten Werkes bei
meinen geringen Kenntnissen nicht gewachsen fühle, so bin ich
doch aus Liebe daran gegangen, weil ich es für unrecht hielt,
daß die Tugenden eines so großen Mannes unbekannt blieben,
da der Gehilfe des heiligen Gregor bei Aufsuchung des gött=
lichen Wortes[2] sagt: „Es giebt Seelen, welche mehr durch
Beispiele als durch Predigten zur Liebe des himmlischen Va=
terlandes entzündet werden, in der Seele des Hörenden aber
gewähren die Beispiele der heiligen Väter häufig eine doppelte
Hilfe" u. s. w. Das Beispiel und die Thaten des heiligen
Liudger vermag ich aber deshalb nicht erschöpfend darzustellen,
weil ich dieselben nicht durch eigene Anschauung, sondern durch
Hörensagen kennen gelernt habe von jenen, welche denselben von
ihrer Kindheit an gekannt und seinen Unterricht genossen haben,

---

[1] So wird das Kloster Werden zum erstenmale in einer, wahrscheinlich inter=
polirten, Urkunde des Jahres 847 genannt, wenn nicht das: S. Patris Lludgeri
Zusatz des Interpolators ist.

[2] Der Diakon Petrus, welcher von Gregor in der Praefatio ad librum dialo-
gorum de vita et miraculis patrum genannt wird: ad sacri verbi indagationem
socius.

nämlich vom Bischof Hildigrim[1], seinem Bruder, vom Bischof Gerfrid[2], seinem Neffen, der gottgeweihten Frau Heriburga[3], seiner Schwester, und von den ehrwürdigen Priestern Alubert, Ating und Thiatbald. Da nun viele Wunder und Zeichen, welche der Herr durch ihn gewirkt hat, aus Unachtsamkeit in Vergessenheit gerathen sind, so habe ich nur jene in dieses Buch aufgenommen, welche ich zugleich mit Euch mit eigenen Augen gesehen, oder als sicher geschehen in Erfahrung gebracht habe.

Inhaltsverzeichniß.

---

[1] Bischof von Chalons an der Marne. — [2] Zweiter Bischof von Münster, von 809 bis 839. — [3] Aebtissin von Nottuln, starb nach 834, am 16. October.

Wie der heilige Liudger nach Fofeteslaud übergefahren ift.

Wie der heilige Liudger in Sachfen ein Bisthum erhalten.

Wie der heilige Liudger als Bifchof ordiniert worden.

Wie der Herr durch ein Wunder dem Bernlef das Augenlicht zurück=
gegeben.

Wie er Bernlef getauft hat.

Was dem heiligen Liudger über die Nordmannen geoffenbart wurde.

Von dem Wunder, das fich in Bilurbeki ereignet.

Von dem Wunder mit dem Fifche.

Wie der heilige Liudger das Leben feiner Lehrer niedergefchrieben und
wie feine Sitten waren.

Vom Tode des heiligen Liudger.

Von feinem Begräbniffe.

Von den Wundern, welche nach feinem Tode der Herr durch ihn ge=
wirkt, und von der Heilung Irmingers und einer Gichtbrüchigen.[1]

Von der Heilung Sigiburgas.

Von der Heilung der Tochter Berahtrichs.

Von der Heilung Hildirads.

Vom Wiederfehendwerden Modjuits.

Von der Heilung eines Leibeigenen Thiadulfs.

Von der Heilung Helidwins.

Von einem Weibe, das während der Lefung des Evangeliums fehend
geworden.

Von der Heilung Osberts.

Von der Heilung einer Gichtbrüchigen.

Vom Wiederfehendwerden Gerbalds.

Von der Heilung einer anderen Gichtbrüchigen.

Von der Heilung eines Tauben.

Von einem vom Himmel herabkommenden Lichte und vom Läuten der
Gloden.

Von Eilward.

Vom Wiederfehendwerden Ricberts.

Von dem Geficht des Mönchs Adelward.

Von der Heilung eines gichtbrüchigen Weibes.

Von der Losfprechung Adams.

Wie ein Weib von Budica[2]) geheilt worden.

Von der Heilung Warmunds.

---

[1]) Hiermit beginnt das zweite Buch, welches, weil eine hiftorifche Ausbeute nicht
gebend, unüberfetzt blieb. — [2]) Büttgen.

Erstes Buch.

1. Ich war der Meinung, bei der Lebensbeschreibung des heiligen Liudger weiter ausholen zu müssen, um zu erzählen, von welchen Eltern er in dieser Zeitlichkeit geboren wurde. In den Tagen Rabbods, des Königs der Friesen, lebte ein Edler dieses Volkes mit dem Namen Wurssing[1] und dem Beinamen Abo, welcher, obgleich er noch nichts von dem Glauben an die heilige Dreifaltigkeit wußte, doch ein Helfer der Armen, ein Vertheidiger der Unterbrückten und ein gerechter Richter war. Weil aber jenes Volk damals im Irrthum der Glaubenslosigkeit erblindet war, so hatten Viele viele Ungerechtigkeit von dem grausamen König und seinen Dienern zu erdulden; denn Einige ließ dieser König hinterlistig tödten und bemächtigte sich ihrer Hinterlassenschaft, Andere trieb er aus dem Lande und eignete sich ihr Erbe an. Aber der vorgenannte Mann unterließ es keineswegs, vor dem Könige und seinen Fürsten die Wahrheit zu vertheidigen, und nahm keine Rücksicht auf die Person, indem er gerechte Urtheile fällte und der Wahrheit die Ehre gab. Daher kam es, daß er von dem grausamen Könige schwere Verfolgung zu erleiden hatte, so daß dieser befahl, ihn listiger Weise zu tödten und sein Besitzthum wegzunehmen. Dieses Todesurtheil ließ ihm einer von den königlichen Räthen ungesäumt mittheilen, weil er bei den meisten beliebt war.

---

[1] Geschrieben Wrssing, oben im Inhaltsverzeichniß Wrlssing, mit einigen Abweichungen in anderen Handschriften.

2. Darauf entfloh Wurssing zugleich mit seiner Gemahlin Adalgard, dem einen Sohne, den sie hatten, Namens Rothgrim, und mit wenigen Dienern und kam zu dem Herzog der Franken, Namens Grimold.[1] Freundlich von diesem Herzoge aufgenommen bewohnte er das Land der Franken, wurde im katholischen Glauben unterrichtet und erlangte die Gnade der Taufe, zugleich mit seiner Gemahlin, seinem Sohne und seinem übrigen Hause. Nach dem Tode des genannten Herzogs aber behielten die einzelnen Herzoge der Franken den ehrenwerthen Wurssing bei sich zurück und zeichneten ihn durch Lehen aus. Seine Gemahlin gebar im fremden Lande einen zweiten Sohn Namens Thiadgrim und neun Töchter und starb im Frieden. Ebenso wurden auch sechs ihrer Töchter im Stande der Jungfrauschaft dem Lichte dieser Welt entrückt. Der Vater aber, der seine beiden Söhne und die drei Töchter, die ihm geblieben waren, in der Furcht Gottes erzog, beobachtete die noch übrige Zeit seines Lebens die Keuschheit.

3. Nachdem dies geschehen war, verfiel Rabbob in eine Krankheit, an welcher er auch starb.[2] Bis zu seinem Tode erlitt er sechs volle Jahre lang Schmerzen und sein Reich gerieth in Verfall, das der Franken aber vergrößerte sich. In seiner Krankheit schickte er zu dem genannten Wurssing und ließ ihn bitten, zu ihm zurückzukehren und sein Erbe wieder in Empfang zu nehmen, versprach ihm auch, ihm noch viel mehr zu geben, wenn er Frieden mit ihm halten wollte; aber der katholische Mann ging auf seine Bitte nicht ein. Da schickte Rabbob noch einmal zu ihm mit der Bitte, wenn er selbst nicht kommen wollte, sollte er ihm doch wenigstens seinen Sohn schicken und schwur ihm zu, daß er ihm Alles, was er ver

---

[1] Grimold, Sohn des Majordomus Pippin von Herstal und Schwiegersohn des Königs Rabbob, war Majordomus von Neuster bis zum Jahre 714, in welchem er von dem Friesen Rantgar ermordet wurde. — [2] Im Jahre 719.

sprochen, geben würde. Deshalb schickte Wurssing, endlich von
seinen Bitten überwunden, seinen jüngeren Sohn zu ihm, wel=
chen derselbe wohlwollend empfing, ehrenvoll bei sich wohnen
ließ, und dem er die väterliche Erbschaft zurückstellte. Der
Vater aber mit seinem älteren Sohne und seinen Töchtern blieb
bis zum Tode Rabbods im Lande der Franken.

4. Es ereignete sich aber, daß Pippin, der Herzog der
Franken, das Licht dieser Welt verließ[1] und sein Sohn Karl[2]
sich der väterlichen Herrschaft bemächtigte. Dieser unterwarf
viele Völkerschaften der Herrschaft der Franken und unter die=
sen fügte er nach dem Tode Rabbods auch Friesland dem vä=
terlichen Reiche in glorreichem Triumphe bei. Zu diesem Volke
war aber damals der heilige Willibrord als Glaubensbote ge=
sendet und als bischöflicher Sitz wurde die Veste Trajectum[3]
bestimmt, wie man in dem Buche[4] über das Leben eben dieses
Willibrord lesen kann. Karl gab also dem genannten Wurssing
ein Lehen an der Grenze der Friesen und schickte ihn in sein
Vaterland zurück, um den Glauben daselbst zu befestigen. Bei
seiner Ankunft erhielt er sein eigenes Erbe zurück, wohnte in
dem bei Trajectum gelegenen Orte, der Suabsna[5] heißt, und
stand mit seinen Söhnen und Verwandten dem heiligen Willi=
brord in Allem, wo er konnte, bei. Der Heilige hatte ihn
sehr lieb, weil er ein braver Mann war, eifrig im Glauben,
beim ganzen Volke gerne gesehen und keusch.

5. Sein älterer Sohn Nothgrim nahm ein gläubiges Weib
und auf gleiche Weise wurden auch die drei Töchter noch zu
Lebzeiten des Vaters in der Furcht Gottes durch das eheliche

---

[1]) Am 16. December 714.

[2]) Karl Martell; er wurde von seiner Stiefmutter Plectrude beim Tode des
Vaters in Haft gehalten, es gelang ihm aber bald, sich derselben zu entziehen und
Plectrude zur Herausgabe des väterlichen Schatzes zu zwingen. Nachdem er König
Chilperich II von Neuster überwunden, schaltete er als Majordomus über das ge=
sammte Frankenreich. — [3]) Utrecht. — [4]) Alcuins; s. oben S. 17.

[5]) Wahrscheinlich Zuplen an der Vecht.

Band gebunden. Dieses ganze Geschlecht unterhielt eine sehr enge Freundschaft mit dem heiligen Willibrord, wie auch mit dem heiligen Bonifazius, der nach diesem jene Gegend als Glaubensbote hell erleuchtete, bis er, für den Glauben an Christus mit der Marterkrone geschmückt, den Geist aufgab[1], im Gau Astrache[2] und in dem Orte, der Doccinga[3] genannt wird, wie das die über ihn verfaßten Schriften bezeugen. Nach des Vaters Tode aber nahm Thiadgrim, der zweite Sohn des genannten Wurssing, ein Weib Namens Liafburg, die Tochter eines gewissen Nothrab und der Adelburg. Diese Adelburg hatte früher ihre beiden leiblichen Brüder, deren älterer Willibracht, der jüngere aber Thiabbracht hieß, dem heiligen Bischof Willibrord, von dem wir oben gesprochen, übergeben, um sie für den Herrn zu erziehen. Diese waren die ersten aller Friesen, welche ein geistliches Amt erhielten. Der älteste starb im Grabe der Leviten[4], der jüngere aber gelangte nicht zu diesem Grabe, sondern verließ in seiner Jugend das Licht dieser Welt.

6. Die genannte Liafburg hatte bei ihrer Geburt eine heidnische Großmutter, nämlich die Mutter ihres Vaters, welche dem katholischen Glauben ganz und gar widerstrebte. Diese, deren Name nicht genannt werden soll, gerieth in Wuth, weil die genannte Gemahlin nur Töchter geboren und keinen lebenden Sohn hatte, und schickte Knechte, die das neugeborene Mädchen von der Seite der Mutter wegnehmen und tödten sollten, ehe es noch Muttermilch gesogen hätte, weil es ein heidnischer Gebrauch war, daß, wenn man einen Knaben oder ein Mädchen tödten wollte, dieselben getödtet wurden, ehe sie irdische Speise genossen hatten. Die Knechte aber nahmen, wie es ihnen befohlen war, das Kind weg und einer trug es an

---

[1] Im Jahre 754. — [2] Ostergau in Westfriesland.
[3] Dokkum. — [4] Als Diakon.

eine mit Waffer gefüllte Kufe, um es hineinzuwerfen, damit
es ertränke. Aber durch die Gnade des allmächtigen Gottes ge=
schah es, daß die Kleine, welche die Mutterbrust noch nicht ge=
fogen, sich mit beiden Händchen am Rande der Kufe festhielt,
damit sie nicht unterginge. Diese Kraft wurde dem so schwachen
Kinde, wie wir glauben, deshalb von der göttlichen Vorsehung
verliehen, weil aus ihm zwei Bischöfe geboren werden sollten,
nämlich der heilige Liudger und Hilbigrim und die Mutter
künftiger Bischöfe.

7. Zu diesem merkwürdigen Ringen kam nach der Anord=
nung des barmherzigen Gottes ein benachbartes Weib, welches,
von Mitleid bewegt, das Kind den Händen des erwähnten
Knechtes entriß und mit demselben nach Hause lief, die Thüre
hinter sich verschloß und so bis in ihr Schlafzimmer kam, in
welchem sich Honig befand; von diesem gab sie der Kleinen
etwas in den Mund und diese schluckte ihn sofort hinab. Mitt=
lerweile kamen die erwähnten Henkersknechte herbei, um den
Befehl ihrer Herrin zu vollziehen, denn sie herrschte gleich einer
Furie in dem Hause ihres Sohnes. Das Weib aber, welches
ihnen das Kind entrissen hatte, ging ihnen entgegen und sagte,
daß dasselbe Honig genossen hätte, zugleich zeigte sie ihnen die
Kleine, wie sie die Lippen noch ableckte, und deshalb war es
nach dem Brauche der Heiden nicht mehr gestattet, sie zu tödten.
Nun standen die Knechte von dem Kinde ab und das Weib,
welches dasselbe geraubt hatte, zog es heimlich auf, indem es
ihm durch ein Horn Milch einflößte. Die Mutter aber schickte
heimlich eine Amme, welche dem Kinde gab, was ihm nöthig
war, bis endlich jenes erwähnte grausame Weib sein Leben be=
endet hatte. Jetzt erst nahm die Mutter ihr Kind zur wei=
teren Erziehung zu sich. Dies möge über diesen Punkt ge=
nügen.

8. Jetzt wollen wir auch, weil wir bereits von dem hei=

ligen Liudger zu sprechen begonnen haben, in unserem Berichte
wieder zu ihm zurückkehren. Als sein Vater Thiabgrim von
einer Reise zurückkehrte und seine Mutter schwanger und der
Geburt des zukünftigen Bischofs schon nahe war, lief sie, bei
der Nachricht von der Ankunft ihres Mannes, vor Freuden außer
sich, demselben entgegen, strauchelte und fiel und stieß sich einen
Pfahl in den Leib, so daß sie wie todt fortgetragen wurde und
Niemand glaubte, daß sie oder der Knabe, den sie im Leibe
trug, dem Leben würden erhalten werden. Aber mit dem Bei=
stande der göttlichen Barmherzigkeit kam sie wieder zu sich und
wurde gut geheilt und auch an dem wenige Tage darauf zur
Welt gekommenen Knaben [1] bemerkte man keine Spur einer Ver=
letzung. In der Taufe erhielt er aber den Namen Liudger.
Sobald er gehen und sprechen konnte, fing er an, Baumrinden,
deren wir uns als Leuchte bedienen, und kleine Häutchen zu
sammeln, und was er dergleichen finden konnte, das heftete er,
während andere Knaben spielten, wie Bücher zusammen. Und
wenn er eine Flüssigkeit gefunden, ahmte er mit Halmen den
Schreibenden nach und brachte dies seiner Amme, um es auf=
zubewahren gleich nützlichen Büchern. Wenn aber Jemand zu
ihm sagte: „Was hast du heute gethan?" antwortete er, er
wäre den ganzen Tag beschäftigt mit Heften von Büchern,
Schreiben oder Lesen. Und wenn man weiter fragte: „Wer
hat dich dies gelehrt?" sagte er: „Gott hat es mich gelehrt."
Er hatte aber schon im zarten Alter im Sinne, was er später
bei seiner großen Frömmigkeit zur Erfüllung brachte.

9. Darauf bat er, an Gnade zunehmend, seine Eltern, daß
sie ihn einem Manne Gottes zum Unterricht übergeben sollten;
diese aber, die gut gesinnt waren, priesen Gott, als sie die

---

[1] Da Liudger im Jahre 767 zum Diakon geweiht wurde, wozu ein Alter von
vierundzwanzig Jahren erforderlich war, so darf seine Geburt in das Jahr 743 ge=
setzt werden.

Absicht des Knaben erkannten, und übergaben ihn dem ehrwür=
digen Gregor, dem Schüler und Nachfolger des heiligen Boni=
fazius, um ihn für den Herrn zu erziehen.[1] Dieser nahm ihn
mit Freuden auf und unterrichtete ihn, da er die Fähigkeiten
des Knaben erkannte, mit großer Sorgfalt. So wuchs Liudger
heran, nahm zu in der Furcht Gottes, legte das weltliche Ge=
wand ab und widmete sich in dem Kloster zu Trajectum ganz
der Erlernung der Wissenschaft des Heils. In jener Schule
Gregors waren aber noch andere edle und talentvolle Mit=
schüler, deren einige später Bischöfe wurden, andere aber in
geringeren Graden Lehrer an den Kirchenschulen.[2] Bei den=
selben war Liudger sehr beliebt, weil er ein Jüngling von gro=
ßer Bescheidenheit und dabei heiterem Wesen war, ohne jedoch
sehr zum Lachen geneigt zu sein, und weil er in all' seinem
Thun Klugheit mit Mäßigung paarte; denn er forschte bestän=
dig in der heiligen Schrift, besonders in jener, die auf das
Lob Gottes und die katholische Lehre Bezug hatte, weßhalb
ihn auch sein Lehrer wie seinen einzigen Sohn liebte.

10. Unterdessen kam aus dem Lande der Angeln ein ehr=
würdiger Mann Namens Alubreht[3] zu dem Abte Gregor in
der Absicht, unter Gottes Mitwirkung dem Volke jener Gegend
durch Unterweisung nützlich zu werden, denn sie waren noch
Neulinge im Glauben. Abt Gregor empfing ihn freundlich und
nachdem er sich überzeugt hatte, daß er ein frommer und ge=
lehrter Mann war, gab er ihm den Rath, er sollte bei ihm
Chorbischof werden. Gregor hatte nämlich die bischöfliche Weihe
nicht erhalten, verblieb vielmehr im priesterlichen Grade. Dar=

---

[1] Dies geschah jedenfalls vor dem Jahre 754, da Liudger, wie er in seinem
Leben Gregors 10. schreibt, den heiligen Bonifazius noch gesehen hat.

[2] Vergl. Leben Gregors 11, oben S. 48 flgd.

[3] Liudger gedenkt desselben in seinem Leben Gregors 10, oben S. 47. Die
Handschriften haben auch die Formen Alubert und Alubret. Die alten northumbrischen
Annalen bei Simeon von Durham berichten zum Jahre 767, daß Aluberht für die
Altsachsen (ad Ealdsexos) zum Bischof geweiht wurde.

auf versetzte der verständige Alubreht: „Damit Du sicher seiest,
daß ich mit Erlaubniß und auf Anrathen meines Bischofes[1]
hieher komme, gieb mir in das Land, aus welchem ich bin,
fromme Brüder mit zu meinem Bischofe, damit ich und sie von
ihm ordiniert werden; unter dieser Bedingung bin ich einver=
standen." Dies hörte Gregor sehr gerne und schickte ihn und
mit ihm Liudger und einen anderen, im Alter schon weiter
vorgeschrittenen Bruder Namens Sigibod zu dem Bischofe, von
welchem Alubreht gesprochen. Dieser ordinierte[2] Alubreht zum
Bischofe, Sigibod zum Priester und Liudger zum Diakon und
dieselben blieben ein Jahr daselbst.[3] An demselben Orte be=
fand sich damals auch Alchuin als Lehrer, welcher später zu
den Zeiten Karls des Jüngeren[4] zu Turonis[5] und in Fran=
cien das Lehramt ausübte. Diesem schloß sich der verständige
Liudger sogleich eng an, indem er geistlichen Unterricht von ihm
erhielt. Nach Verlauf eines Jahres aber kehrten die, welche
geschickt worden waren, wieder zurück und kamen unter Gottes
Führung zum Abte Gregor, der sie sehr freundlich empfing,
höchlich erfreut über ihre Ankunft, und Alubreht blieb bei ihm
als Mitarbeiter im Weinberge des Herrn.

11. Liudger aber, welcher sich an der Süßigkeit des ein=
mal verkosteten Honigseims[6] sättigen wollte, bat den Abt Gre=
gor um die Erlaubniß, wieder zu dem Magister Alchuin zu=
rückkehren zu dürfen. Gregor sah dies ungern und wollte es
nicht geschehen lassen, da er ihn jedoch nicht betrüben wollte,
so suchte er ihn mit freundlicher Rede zu beschwichtigen; und
da er sah, daß er ihn durch keine Vorstellung von seinem Ent=
schlusse abbringen konnte, ließ er seinen Vater kommen und bat
diesen, er möchte es versuchen, ihn von der beabsichtigten Reise
abzuhalten. Der wißbegierige Levite aber blieb unbeugsam bei

---

[1]) Des Erzbischofs Aethelberht von York. — [2]) Im Jahre 767. — [3]) Zu York.
[4]) Siehe S. 33, A. 2. — [5]) Tours. — [6]) Der Unterricht Alcuins.

seinem Vorhaben. Gregor und die Eltern Liudgers schickten ihn also, von seinen Bitten überwunden, zu dem genannten Magister der Eboracensischen Stadt [1] der Angeln, gaben ihm alles für die Reise Nöthige mit und der berühmte Magister Alchuin empfing ihn mit großer Freude. Einmal aufgenommen, war Liudger in gewohnter Weise Allen theuer, weil er durch gute Sitten geschmückt war und fromme Studien betrieb. Er blieb dort drei Jahre und drei Monate und vervollkommnete sich in den Heilswissenschaften. Er wollte noch länger bei seinem Studium bleiben, aber es war ihm nicht möglich, weil bei dem Auszuge der Bürger zum Kampfe gegen ihre Feinde der Sohn eines Grafen jener Provinz von einem friesischen Kaufmanne im Streit getödtet wurde und die Friesen sich deshalb beeilten, das Land der Angeln zu verlassen, indem sie den Zorn der Verwandten des getödteten Jünglings fürchteten.

12. Alchuin schickte also nothgedrungen Liudger mit den erwähnten Kaufleuten fort und gab ihm auch seinen Diakon Putul mit, weil er fürchtete, er könnte aus Liebe zum Lernen eine andere Stadt dieses Landes besuchen und, da man den erwähnten Jüngling rächen wollte, Nachstellungen erleiden. Er sagte nämlich, er wollte lieber selbst sterben, als daß sein geliebter Sohn von irgend einer Lebensgefahr bedroht würde. Der so geleitete Liudger kam also mit günstiger Fahrt in sein Vaterland zurück, wohl unterrichtet und mit einer Menge von Büchern versehen, und war dem Vater Gregor und den Uebrigen um so werther und willkommener, als er auch mit dem Mönchswesen bekannter war. Der Diakon aber, der mit ihm gekommen, zog nach der Anordnung Alchuins mit Segnungen ausgestattet nach Rom, um dann wieder nach Hause zurückzukehren. Derselbe kam später auch als Priester mit Alchuin nach Gallien.

---

[1] York.

13. Während dies geschah, kam ein heiliger und gelehrter Priester Namens Liafwin aus dem Lande der Angeln zum Abte Gregor und sagte, es wäre ihm durch dreimalige schreckliche Mahnung vom Herrn befohlen, an der Grenze der Franken und Sachsen längst des Flusses Isla[1] dem Volke durch Predigen nützlich zu werden, und bat, daß er ihn dahin und an den ihm vom Herrn bestimmten Fluß geleiten ließe. Gregor ließ ihn, weil diese Gegend zu seinem Sprengel gehörte, gütig dahin geleiten und dankte dem göttlichen Hirten, weil er sein Volk heimgesucht. Zugleich mit ihm schickte er auch Marchelm, einen Diener Gottes vom Volke der Angeln, welcher vom Knabenalter an vom heiligen Bischofe Willibrord zu frommem Wandel erzogen wurde[2], um dereinst dem Volke vorstehen zu können. So säte also der Priester Liafwin, von einer Frau Namens Avaerhilde und den übrigen Gläubigen aufgenommen, die Lehren des Heils aus und bewässerte den Boden der Herzen. Sie bauten ihm auch ein Bethaus auf der Westseite des genannten Flusses an dem Orte, der Huilpa[3] genannt wird.

14. Darauf erbauten sie ihm auch eine Kirche auf dem östlichen Ufer eben dieses Flusses, deren Name Daventre[4] ist. Als aber das Volk dahin zur Predigt des heiligen Mannes zusammenströmte, sammelten die Sachsen, welche damals in der Finsterniß des Heidenthums befangen waren, darüber erbittert, ein Heer, vertrieben die Christen aus jener Gegend und verbrannten die Kirche.[5] Darauf kehrte der Mann Gottes Liaf-

---

[1] Neue Yssel, ein Arm des Rheines, der sich in die Zuydersee ergießt.

[2] Da Willibrord bereits im Jahre 738 oder 739 starb, Marchelm aber, wie aus dem Leben Gregors 8 ersichtlich wird, erst bei der dritten Romreise des heiligen Bonifazius aus Italien herausgebracht wurde, so kann dieser Willibrord nicht mehr wohl als Erzieher gehabt haben.

[3] Wilp, südlich von Deventer. — [4] Deventer.

[5] Für diesen Einfall der Sachsen läßt sich die Zeit nicht bestimmen. — Von diesem Liafwin oder Lebuin hat im 10. Jahrhundert Hucbald von St. Amand eine Lebensbeschreibung verfaßt, aus welcher im zweiten Bande S. 107 ff. Auszüge mitgetheilt sind.

win zum Abte Gregor zurück und wartete auf einen Trost vom
Herrn. Nachdem also die Ruhe wieder hergestellt und die
Räuber nach Hause zurückgekehrt waren, baute der Mann Got=
tes die verbrannte Kirche wieder auf und ließ nicht nach, seiner
Heerde in gewohnter Weise die Worte des Heils zu verkün=
digen, bis er seine Seele dem höchsten Hirten zurückgab. Er
wurde in derselben Kirche bestattet.

15. Nach seinem Tode[1] verheerten die gottlosen Sachsen
jene Gegend auf's Neue[2], zündeten die Kirche an und suchten
seinen Leib drei Tage lang, konnten ihn aber nicht finden.
Aber auch Abt Gregor ging ein zum Herrn[3] und sein Neffe
Albrich übernahm das Hirtenamt. Dieser hatte den ehrwür=
digen Liudger sehr lieb und sprach ihn an, wie folgt: „Jetzt,
weil Du mein vielgeliebter Bruder bist, bitte ich Dich, daß Du
meinen Herzenswunsch erfüllest. Jener Ort, an welchem der
Priester Liafwin, der Heilige Gottes, den Du gekannt hast, bis
zu seinem Tode beharrlich im Weinberge des Herrn gearbeitet
hat und wo sein heiliger Leib begraben liegt, ist verwüstet.
Deßhalb bitte ich Dich, daß Du ihn wieder in guten Zustand
zu bringen suchest und die Kirche über seinem Grabe wieder
aufbauest." Der Diener Gottes Liudger gehorchte dem Befehle
seines Vorgesetzten und suchte an dem erwähnten Orte den Leib
des Heiligen, fand ihn aber nicht. Gleichwohl begann er an
dem Platze, wo er vermuthete, daß er liegen könnte, den Bau
einer Kirche. Nachdem er nun den Grund gelegt hatte und
daran war, die Seitenwände aufzurichten, erschien ihm der
Priester Gottes Liafwin im Traum und sprach: „Geliebter

---

[1] Er ist wahrscheinlich 773 am 12. Nov. gestorben.

[2] Dieser zweite Einfall der Sachsen dürfte nach der Art, wie er zwischen dem
Tode Liafwins und dem Gregors berichtet wird, in das Jahr 774 zu setzen sein und
stand, wie es scheint, mit deren Einfall in Hessen, von welchem Einhard zum gleichen
Jahre berichtet, in Verbindung.

[3] Siehe S. 51, A. 2.

Bruder Liudger, Du hast wohlgethan, den Tempel Gottes, der schon so lange von den Heiden verstört liegt, wieder herzustellen; aber Du wirst auch meinen Leib, den Du gesucht hast, unter der von Dir errichteten südlichen Wand begraben finden." Liudger fand also, nachdem er am Morgen die Laudes[1] gesungen, den heiligen Leib an der Stelle, die ihm im Traumgesichte bezeichnet war, und ließ, als die Arbeitsleute versammelt waren, die Grundlage des Gebäudes weiter gegen Süden rücken, wodurch er das Grab des Mannes Gottes in das Innere der Kirche brachte. So wurde also die Kirche vollendet und eingeweiht, die von da an nie wieder von den Heiden verunehrt wurde. Der Herr wirkt aber daselbst durch seinen Diener Liafwin viele Wunder bis auf den heutigen Tag und es befindet sich jetzt dort auch ein Kloster für Chorherren, welche dem Herrn dienen.

16. Darauf schickte Albrich den Liudger und mit ihm andere Diener Gottes, um die Tempel der Heidengötter zu zerstören und die Verehrung verschiedener Götzenbilder bei dem Volke der Friesen abzuschaffen. Diese befolgten den Befehl und brachten ihm einen großen Schatz mit zurück, den sie in den Tempeln gefunden hatten. Davon erhielt Kaiser Karl zwei Theile, den dritten befahl er Albrich, für sich selbst zu behalten.

17. Nachdem aber Albrich in der Stadt Colonia[2] zum Bischof geweiht war[3], ließ er auch Liudger die Priesterwürde ertheilen und ernannte ihn zum Glaubensprediger im Gau Ostracha und in dem Orte, wo der heilige Bonifazius die Mar-

---

[1] Ein Theil des vor Tagesanbruch abzuhaltenden Gottesdienstes. — [2] Köln.
[3] Dies geschah jedenfalls erst nach dem 10. Juni 777, da in einer Urkunde von diesem Tage Albrich noch presbyter atque electus rector genannt wird. (Es ist das ein von Karl d. Gr. in Nymwegen ausgestelltes Privileg, 106 in Mühlbachers Regesten, und die Nachricht könnte nicht gleich dahin gelangt sein, doch das Jahr wird dadurch gesichert. W.)

terkrone erhalten. Derselbe Albrich theilte das Jahr in vier Zeiten, so daß in dem Kloster zu Trajectum in der Frühjahrs= zeit mit Ausschluß der übrigen Vorgesetzten er selbst drei Mo= nate lang in Bezug auf Lehre und heiligen Wandel die Lei= tung der Brüder hatte, nach ihm und an seiner Statt im Som= mer der Priester Abalger drei Monate lang, nach diesem der Priester Liudger drei Monate und im Winter der Priester Thiadbraht drei Monate.

18. Liudger pflegte also, wenn ihn die Reihe traf, bei Nacht nach beendetem Psalmengesange und Einzelgebet, was er immer sehr liebte, auf dem Söller des Hauses von Sanct Sal= vator, welches der heilige Willibrord erbaut hatte, die ermü= deten Glieder ruhen zu lassen. Daselbst erschien ihm in einer Nacht der ehrwürdige Abt Gregor und sprach: „Bruder Liud= ger, folge mir,“ und als er ihm folgte, bestieg dieser einen höher gelegenen Ort und warf vor ihm stückweise Theile von Pergament und von Kleidern hinab und sagte: „Sammle es auf Haufen.“ Als er nun drei Haufen gemacht hatte, sprach er wieder: „Vertheile dies gut im Werke des Herrn und ich werde Dir genug geben.“ Darauf bezeichnete er ihn mit dem Zeichen des Kreuzes und verschwand. Da nun Liudger am Morgen seinen Traum dem Propste des Klosters Namens Habbo und dem Küster, dem mit Heiligkeit begabten Marchelm, dessen ich oben gedacht, erzählte, sprach Marchelm darauf das, was der Erfolg später bestätigte, nämlich: „Die drei Haufen, die Du gesammelt hast, bedeuten die Leitung dreier Gemeinden, wel= chen Du noch als Hirte vorstehen wirst.“ Jener aber sprach: „Möchte ich doch in dem mir anvertrauten Orte einige Frucht für den Herrn bringen.“

19. Wie dieser Liudger unter dem Volke der Friesen das ersehnte Amt der Verkündigung des Evangeliums ausgeübt und wie der Same des Lebens, befeuchtet vom Thau der göttlichen

Gnade, auf dem Felde vieler Herzen bei seinen Predigten reich=
lich aufgegangen, das bezeugen bis auf den heutigen Tag die
Leute jener Gegend, welche er vom alten Irrthum zur Er=
kenntniß der Wahrheit geführt, das bezeugen die Kirchen, welche
er an verschiedenen Orten erbaut, das bezeugen auch die Ver=
einigungen der Diener Gottes, die er an einigen Orten errichtet
hat. Ihm giebt auch ein Schüler Alchuins[1] Zeugniß, der ihm
im heroischen Versmaße Folgendes schrieb:

Bruder, der Du mit Recht aus Liebe Gottes mir theurer
Bist, als selbst die mit mir aus einem Blute Entsproff'nen,
Theurer Liudger, den die Gnade Christi beschütze,
Lebe, ein leuchtender Stern, Du, deines friesischen Volkes;
Du, ein Priester des Herrn an des Meeres westlicher Küste,
Hochgelehret im Wort, von großer Tiefe des Geistes.
Zierst Du ja doch Dein Amt durch Tugend und treffliche Sitten,
Leistest den Aelteren Dienst voll großer Demuth des Herzens,
Und verkehrst wie ein Bruder mit jenen, die gleich Dir im Alter,
Während väterlich Du der Jugend Worte des Lebens
Spendest. Gedenke meiner, Du, der im Guten stets zunimmt,
Gütig in Deinem Gebet, empfiehl dem Höchsten den Dichter
Dieser wenigen Worte, der Dich durch Oden verherrlicht,
Die zu lohnen Du wohl zum Stocke greifst nicht mit Unrecht;
Solcher Lohn gebührt ja vielleicht dem erbärmlichen Dichter.
Lebe glücklich und froh, nichts möge stören Dein Wohlsein.

20. Gedicht Alchuins auf die Kirche des heiligen Liudger.[2]

Hier hat der Gottesmann Bonifazius, reich an Verdiensten,
Einst sein heiliges Blut mit seinen Gefährten vergossen,
Welche zugleich mit ihm sich die Marterkrone verdienten.

---

[1] Nach dem Inhaltsverzeichniß (oben S. 58), wo sich die fehlerhafte Namens=
form Aluchin findet, war es der aus Alchuins Briefen bekannte Joseph.

[2] Die Kirche zu Dokkum, wie man aus dem Gedichte selbst ersieht.

Dreimal glückliches Land, getränkt mit der Heiligen Blute,
Von Dir schwang sich zum Himmel empor der siegende Kämpfer,
Deinem Rasen die Spur eindrückend der heiligen Füße.
Drum mit gebogenem Knie bitt' ich die, welche dies lesen,
Werft demüthig euch hin und küsset den heiligen Boden,
Habt ihr Hoffnung ja doch, gegründete, daß eure Thränen
Steigen zum Herren hinauf, von solchen Beschützern getragen,
Hier ja klebt noch ihr Blut, kostbarer als Gold und als Silber,
Ruhen die heiligen Leiber, vom himmlischen Thau übergossen;
Hier der Apostel Paul und hier Bonifaz, der Apostel,
Helfen durch Fürbitt' euch im Tempel, der ihnen geweiht ist.

21. Nachdem nun der Mann Gottes beinahe sieben Jahre
lang in dieser Gegend dem Lehramte obgelegen, erhob sich die
Wurzel alles Bösen, Wibukind, der Herzog der damals noch
heidnischen Sachsen, machte die Friesen vom Wege Gottes ab=
wendig, verbrannte die Kirchen, vertrieb die Diener Gottes
und brachte es dahin, daß die Friesen bis an den Fluß Fleo[1]
den Glauben an Christus verließen und, dem alten Irrglauben
gemäß, Götzenbildern opferten. Aber auch Bischof Albrich ver=
ließ während dieser verderblichen Umwälzung das Licht dieser
Welt.[2] Darauf verließ Liudger nothgedrungen jene Gegend,
und nachdem er die Menge seiner Schüler vertheilt hatte,
nahm er zwei von ihnen, nämlich seinen Bruder Hilbigrim und
Herbert mit dem Beinamen „der Keusche" zu sich und pilgerte
nach Rom. Von da weiter ziehend kam er aber zum Kloster
des heiligen Benedict[3] im Reiche Benevent und lernte, während
er daselbst einen heiligen Wandel führte, die Regel des heili=
gen Vaters Benedict kennen. Er hatte nämlich die Absicht,

---

[1]) Jetzt der Vliestrom, welcher die Zuydersee, damals noch einen Binnensee,
mit der Nordsee verbindet.

[2]) Er starb im Jahre 784 und dürfte demnach auch der Einfall des 782 von
den Nordmannen nach Sachsen zurückgekehrten Wibukind in diesem oder dem vor=
hergehenden Jahre erfolgt sein. — [3]) Monte Cassino.

auf seinem Erbe ein Mönchskloster zu errichten, was auch später mit der Hilfe Gottes an dem Orte, der Werthina[1] genannt wird, geschehen ist.

22. Nach Verlauf von zwei Jahren und sechs Monaten kehrte er in sein Vaterland zurück und drang sein Ruf bis zu den Ohren des glorreichen Fürsten Karl. Dieser ernannte ihn zum Lehrer bei dem Volke der Friesen und setzte ihn auf der Ostseite des Flusses Labeki[2] über fünf Gaue, deren Namen folgende sind: Hugmerthi, Hunusga, Fivilga, Emisga und Federitga[3], und über eine Bant genannte Insel[4]. Er aber war, nachdem ihm die Herde Gottes zu sorgfältigem Unterricht übergeben worden, bemüht, ihr das Wasser der reinen Lehre zu spenden, die Götzentempel zu zerstören und allen Schmutz des früheren Irrglaubens zu entfernen. Auch strebte er, den Strom der Lehre weiter zu verbreiten, und fuhr, nachdem er mit dem Kaiser darüber Rath gepflogen, nach einer kleinen zwischen den Friesen und Dänen gelegenen Insel, welche nach dem Namen ihres falschen Gottes Fosete Foseteland[5] heißt. Als er derselben schon nahe war und, das Kreuz in der Hand, dem Herrn Bitt- und Dankgebete darbrachte, sahen die, welche im selben Schiffe waren, einen dichten schwarzen Nebel von der Insel abziehen, nach dessen Abzug sich große Heiterkeit über dieselbe verbreitete. Da sprach der Mann Gottes: „Seht ihr, wie durch die Barmherzigkeit Gottes der Feind vertrieben wurde, der früher diese Insel mit seinem Nebel verfinstert hat?" Nachdem sie aber auf der Insel angekommen waren, zerstörte er die Tempel des Fosete, welche dort erbaut waren, und errichtete an ihrer statt eine Kirche Christi. Und nachdem er die Bewohner im Glauben an Christus unterrichtet hatte, taufte

---

[1] Werden. — [2] Lauwers, Küstenfluß zwischen Leeuwarden und Groeningen.

[3] Sämmtlich theils rechts, theils links von der Ems.

[4] Nicht mehr existirend.

[5] Helgoland, vgl. oben das Leben Willibrords, S. 14.

er sie, den Namen der heiligen Dreifaltigkeit anrufend, in der
Quelle, die dort sprudelte, in welcher der heilige Willibrord
früher drei Menschen getauft hatte und aus der bis dahin kein
Einwohner anders als stillschweigend Wasser zu holen wagte.
Denn er[1] hob den Sohn eines Fürsten mit Namen Landrich
aus dieser Quelle, den er in der Lehre des Heils unterrichtete
und zum Priester weihte und der Jahre lang bemüht war, die
Friesen zu unterrichten. Darauf kam auf Anstiften der Bösen
wieder die Nacht eines weitverbreiteten Abfalles über die öst=
lichen Friesen, dessen Anstifter Unno und Eilrat waren; die
Kirchen wurden verbrannt und die Diener Gottes vertrieben.
Als aber die Sonne der Gerechtigkeit wieder strahlte, wurden
die Finsternisse des herrschenden Irrthums vertrieben, so daß
nach Verlauf eines Jahres der heilige Liudger mit den Sei=
nen jenem Volke die Speise des Glaubens ohne Unterlaß aus=
theilte, und mit der Hilfe Gottes verharrten sie auch im Glau=
ben, den sie damals annahmen.

23. Unterdessen bekehrten sich auch die Sachsen nach der
Anordnung des barmherzigen Gottes zum Herrn[2] und König
Karl ernannte denselben Mann Gottes Liudger zum Seelen=
hirten im westlichen Theile des Sachsenlandes. Der Sitz die=
ses Bisthumes ist in dem Gau Subtergoe[3] und in dem Mi=
migernäfor[4] genannten Orte, wo er dem Herrn ein ehrbares
Kloster für die unter kanonischer Regel dem Herrn Dienenden
errichtete. Und in gewohnter Weise war er mit allem Eifer
und aller Sorgfalt bemüht, dem noch rohen Sachsenvolke durch
Unterricht nützlich zu werden und nach Ausrottung der Tor=

---

[1] Liudger. — [2] Ihr Führer Widukind nahm im Jahre 785 den christlichen
Glauben an und ließ sich zu Attigny taufen, womit der langwierige Sachsenkrieg
für einige Jahre ein Ende nahm.

[3] Südgau, nach Diekamp die allgemeine Bezeichnung für das ganze Münster=
land im Gegensatze zu dem, Nordgau genannten, friesischen Antheil des Bisthums.

[4] Münster.

nen des Götzendienstes das Wort Gottes in den einzelnen Orten
auszusäen, Kirchen zu errichten und für dieselben Priester zu
ordinieren, die er selbst sich als würdige Mitarbeiter im Wein=
berge des Herrn herangezogen hatte. Er wollte nämlich mit
der begonnenen Verkündigung des Evangeliums vielen Völker=
schaften zu Hilfe kommen, gleichwohl aber in seiner Demuth
die bischöfliche Würde nicht annehmen. Deshalb bat er oft
seine Schüler, daß einer von ihnen statt seiner die Weihe als
Bischof empfangen sollte. Als ihm Bischof Hildibald[1] sagte,
er müßte sich zum Bischof weihen lassen, entgegnete er ihm
jenes Wort des Apostels[2]: „ein Bischof muß untadelhaft sein."
Jener aber, wie er denn demüthig und dem Manne Gottes
sehr geneigt war, sprach seufzend, dies wäre bei ihm am we=
nigsten der Fall. Endlich aber willigte er nach der Anordnung
Gottes ein, überwunden durch die Einstimmigkeit Aller, und
um nicht dem Rathe so Vieler, ja vielmehr dem Willen des
Herrn selbst hartnäckigen Widerstand zu leisten.

24. Nachdem er also die bischöfliche Weihe empfangen[3],
trug er der ihm anvertrauten sächsischen Herde die Lehren des
Heils mit aller Klugheit und Bescheidenheit vor, bis er die=
selbe mit Gottes Gnade zum vollkommenen Glauben hinüber=
geführt hatte. Auch jenen fünf Gauen, welche er in Friesland
vom Heidenthum zur Erkenntniß der wahren und untheilbaren
Dreifaltigkeit gebracht hatte, stand er auf gleiche Weise als
Bischof vor, weil sie bisher einen solchen nicht hatten, und auch
seine Nachfolger hatten diese beiden Theile als eine Diöcese.
König Karl gab ihm auch im Gau Brabante[4] des fränkischen
Reiches und in dem Orte, der Lotusa[5] genannt wird, das Kloster
des heiligen Petrus, um ihm sammt den umliegenden Kirchen

---

[1] Erzbischof von Köln. — [2] 1 Timoth. 3, 2.
[3] Zwischen dem Jahre 802, in welchem er in einer Schenkungsurkunde noch
Abt genannt wird, und 805, wo er in einer solchen als Bischof erscheint.
[4] Brabant. — [5] Vermuthlich Leuze zwischen Ath und Tournai. W.

und Dörfern vorzustehen. So wurde der Traum erfüllt, wel=
chen ihm der Mann Gottes Marchelm früher ausgelegt hatte
bezüglich des Sammelns dreier Haufen, welche die Leitung
dreier Gemeinden bedeuteten. [1]

25. Obgleich nun das Amt, das Evangelium zu verkündi=
gen und viele Herzen zu erleuchten, höher zu achten ist, als
das Wirken von Wundern und Zeichen, so wollten wir doch
zur Ehre des gütigen Gottes durch die Schrift feststellen, was
wir als von demselben heiligen Manne bewirkt verehren.

Als er, um zu predigen, in Friesland in ein Dorf Namens
Helewyret[2] gekommen war, nahm in eine Frau Namens Mein=
suit in ihrem Hause auf. Und, sieh! während er mit seinen
Schülern bei Tische saß, wurde ihm ein Blinder Namens Bern=
lef vorgeführt, welchen seine Nachbarn sehr lieb hatten, weil er
leutselig war und es gut verstand, die Thaten der Vorfahren
und die Kriege der Könige in Liedern vorzutragen. Aber seit
drei Jahren war er mit beständiger Blindheit geschlagen, so
daß ihm auch nicht ein Schein von Sehen blieb. Nachdem er
denselben freundlich angeblickt hatte, fragte er ihn, ob er sich
eine Buße von ihm wollte auferlegen lassen, und als derselbe
dies gelobt hatte, hieß er ihn des anderen Tages wieder kom=
men. Des anderen Morgens begegnete derselbe Blinde dem
Manne Gottes zu Pferd und nachdem dieser sein Pferd beim
Zügel genommen, führte er ihn abseits der Volksmenge und
gab dem seine Sünden Beichtenden eine Buße auf. Darauf
machte er das Zeichen des Kreuzes über seine Augen, nahm
ihn bei der Hand und fragte ihn, ob er etwas sähe; jener
aber antwortete hocherfreut, er könnte seine Hand sehen. Da=
rauf dieser: „Sage dem allmächtigen Gotte Dank". Während
sie nun über den katholischen Glauben und von Verschiedenem,
was zum Heile der Seele dient, sprachen, kamen sie in ein

---

[1]) Siehe oben 18. S. 72. — [2]) Holwyrde bei Delfzyl.

Dorf mit Namen Werßhem[1] und er fragte ihn, ob er dasselbe erkennen könnte. Jener aber nannte es sogleich bei seinem Namen und versicherte, er könnte die Bäume und alle Gebäude des Dorfes gut sehen, dieser dagegen sprach wieder: „Sage dem allmächtigen Gotte Dank, der Dir das Augenlicht zurückgegeben hat." Und als sie in ein Dorf mit Namen Wyscwyrb[2] kamen, wo ein Bethaus errichtet war, ließ er ihn mit sich beten und Gott Dank sagen und verband ihn durch einen Eid, daß er vor seinem Tode Niemanden den Hergang seines Wiedersehendwerdens mittheilen wollte. Jener befolgte die Befehle des Mannes, stellte sich noch einige Tage blind und ließ sich von Anderen führen, aber nach Liudgers Tode machte er bekannt, auf welche Weise er das Augenlicht wieder erlangt hatte.

26. Bei der zweiten Austreibung der Diener Gottes aus Friesland, von welcher wir oben[3] gesprochen haben, befahl der heilige Liudger eben diesem Bernlef, weil er bei Vielen beliebt war, in den einzelnen Häusern herumzugehen und den gläubigen Frauen ihre Kinder, wenn sie dem Tode nahe wären, zu taufen, indem er sie in Wasser, wenn es nur im Namen des Herrn geweiht wäre, unter Anrufung der heiligen Dreifaltigkeit eintauchte oder damit übergöße. Dieser aber, seinen Befehlen gerne gehorchend, taufte während dieser Stürme achtzehn Kinder, welche alle bald nach der Taufe starben, mit Ausnahme von zweien, welche der heilige Liudger nach Wiederkehr des Friedens mit dem heiligen Chrysam firmte. Bernlef selbst aber erlernte, wo er nur den Diener Gottes später traf, Psalmen bei ihm und behielt das durch ihn wieder hergestellte Augenlicht, bis er als hochbetagter Greis in Frieden starb. Als ihn sein Weib weinend fragte, wie sie ohne ihn würde

---

leben können, antwortete er ihr: „Wenn ich etwas vom Herrn
erlangen kann, wirst Du nach meinem Tode nicht mehr lange
in dieser Welt leben." Und obgleich sie diese Antwort gesund
und wohlbehalten anhörte, so folgte sie ihm doch am fünfzehn=
ten Tage im Tode nach.

27. Zu einer anderen Zeit, als der heilige Liudger sich
an der Meeresküste befand, in einem Orte, der Werthina ge=
nannt wird[1], und wo er selbst aus seinem väterlichen Erbe ein
Kloster errichtete, hatte er einen furchtbaren Traum, welchen er
seiner Schwester Heriburga erzählte; „ich sah", sprach er, „im
Traume die Sonne aus der nördlichen Gegend über das Meer
fliehen und sehr dunkle Wolken ihr folgen. Die fliehende zog
über uns hin und konnte wegen ihrer weiten Entfernung nicht
mehr von uns gesehen werden, dagegen bedeckten die finsteren
Wolken, die ihr folgten, diese ganze Küstengegend. Nach langer
Zeit aber erschien die Sonne wieder, kleiner und blasser, als
sie vorher war, und trieb die Nebel über das Meer." Bei
dieser Erzählung flossen reichliche Thränen über sein Angesicht
und als ihn seine Schwester weinen sah, brach sie selbst in
Thränen aus und sagte: „Was soll dieser Traum bedeuten?"
Darauf antwortete er: „Von den Nordmannen werden große
Drangsale kommen, Kriege und schreckliche Verheerungen, so daß
diese freundliche Küstengegend, weil es die Sünden erfordern,
beinahe unbewohnbar sein wird. Darauf wird aber durch die
Gnade Gottes seiner Kirche der Friede zurückgegeben werden
und das schreckliche Leiden, das diese Gegend heimgesucht, wird
auf die Nordmannen selbst zurückfallen." Jene aber sprach
seufzend: „O möchte es doch Gott gefallen, mich von dieser
Welt hinwegzunehmen, ehe jene Leiden über uns kommen,"
worauf dieser: „Das wird nicht der Fall sein, sondern es wird

---

[1] Nach Dickamp Wierum in Westfriesland. Von hier scheint er den Namen
auf seine Stiftung Werden an der Ruhr übertragen zu haben. (Rettberg II, 422.)

während Deiner Lebenstage geſchehen, ich aber werde jene
ſchreckliche Plage in dieſem Leibe nicht mehr ſehen." Die Wahrheit dieſer Vorherſagung wurde während ſeiner Schweſter und
unſerer Lebtage dargethan, denn während der ganzen Zeit, in
welcher dieſer Diener Gottes auf dieſer Welt lebte, war allenthalben Frieden, ſo daß Niemand glaubte, es könnte dieſer Gegend irgend ein Uebel durch die Nordmannen zuſtoßen. Nach
ſeinem Tode aber[1] haben wir faſt jedes Jahr ſchreckliche und
unzählige Plagen von dem wilden Nordmannenvolke erduldet,
denn die Kirchen wurden verbrannt, die Klöſter zerſtört, die
Landgüter von den Bewohnern verlaſſen, ſo daß infolge der
Sünden die Küſtengegenden, welche früher von einer Menge
Menſchen bewohnt waren, faſt zu Einöden wurden. Aber wir
hoffen, daß die Sonne der Gerechtigkeit, die ſich unſerer Sünden wegen entfernt hat, wieder zurückkehren und nach der Vorherſagung des Mannes Gottes ſeiner Kirche den Frieden zurück-
geben wird.

28. Derſelbe Prieſter[2] kam auch zu ſeiner Kirche in dem
Orte, der Billurbeki[3] genannt wird, und, ſieh! ein Weib das
mit einem Manne in unerlaubter Ehe lebte und ſeinen Zorn
beſänftigen wollte, ſchickte ihm Honig, gleichſam zum Willkom-
men. Er aber verſchmähte das Geſchenk und weigerte ſich, es
anzunehmen; einige ſeiner jüngeren Schüler jedoch, welche begierig nach dem Honig waren, nahmen es an und verſteckten
es in der Kirche hinter dem Altar. Als nun der Mann Gottes an eben dieſem Altar trat, um das Meßopfer zu feiern,
und ſeinen Mund zum Gebete öffnete, zerſprang das irdene
Gefäß in welchem ſich der Honig des Ungehorſams befand, in
kleine Stückchen, der Honig ſpritzte umher und wurde aufge-
leſen und vor die Thüre geworfen. Aber der Streiter Chriſti

---

[1] Im Jahre 809. Der erſte Einfall der Nordmannen wird zum Jahre 810 berichtet. — [2] Liudger. — [3] Billerbeck im Kreiſe Koesfeld an der Berkel.

ruhte nicht, bis er jene unerlaubte Ehe getrennt hatte, und den
Mann, der sich derselben unterstanden, verbannte er aus dem
Lande.

29. Als er in Friesland, um Unterricht zu ertheilen, zu
seiner Kirche in dem Orte, der Hleri[1] genannt wird, am Flusse
Lade[2] gekommen war, bat er die Fischer, die ihn mit Fischen
zu versehen pflegten, daß sie ihm einen Stör, wenn sie einen
solchen fingen, bringen sollten. Jene aber sagten, die Zeit wäre
längst vorüber, in welcher man solche Fische fangen könnte; es
war nämlich der Winter schon nahe. Er aber antwortete ihnen
mit heiterer Miene: „Geht, Kinder, und thut was ich gesagt
habe; der Herr ist mächtig genug, seinen Dienern zu jeder Zeit
das Gewünschte zu geben." Sie aber, durch die Bitte des
Mannes Gottes bewogen, begannen in gewohnter Weise, ihr
Netz durch das Wasser zu ziehen. Und sieh! als sie aufblickten
sahen sie plötzlich einen großen Vogel, der vor ihren Augen
vom Himmel herabkam, und als sie ihn scharf und aufmerksam
betrachteten, sprach einer zum andern: „Er hat wahrhaft Aehn=
lichkeit mit einem Fische." Während sie aber von Furcht und
Staunen bewegt waren, fiel der scheinbare Fisch oder Vogel
vor ihnen in's Wasser und als sie an die Stelle kamen, ging
ein Fisch von wunderbarer Größe in ihr Netz, den man Stör
nennt und den der Mann Gottes gewünscht hatte. Sie aber
nahmen ihn, und brachten ihn demselben Diener des Herrn
und erzählten das Wunder, das sich ereignet hatte, worauf
jener sprach: „Sagen wir dem allmächtigen Gotte Dank, der
allem Fleische seine Nahrung giebt.[3] Zugleich verbot er ihnen,
dies zu erzählen, als wäre es wegen irgend eines Menschen
Heiligkeit oder Verdienst gesehen.

30. Der heilige Liudger war auch in den heiligen Schrif=
ten sehr bewandert, wie man aus dem von ihm verfaßten Buche

---

¹) Leer. — ²) Leda, mündet in die Ems. — ³) Psalm 136, 25.

über das Leben der heiligen Lehrer Gregor und Albrich[1] deut=
lich ersieht; aber auch die ersten Anfänge des heiligen Boni=
fazius, seine Ankunft und seine Ordinierung, welche in einem
anderen Werke übergangen wurden, hat er in fließender Rede
selbst niedergeschrieben.[2] Dabei unterließ er nicht, jeden Mor=
gen seinen Schülern selbst Vorlesungen zu halten, und was
immer er in den heiligen Büchern als geboten vorfand, das
strebte er mit allem Eifer selbst zu beobachten und zu lehren.
Er hütete sich, sich einen leeren Namen zu machen, und des=
halb suchte er nach dem Worte des Apostels[3] Alles nach Maß
zu thuen. Eine Kutte zu tragen unterließ er, weil er das
Mönchsgelübde nicht abgelegt hatte, aber ein Büßerhemd, wel=
ches leichter zu verbergen war, trug er auf dem bloßen Leibe
bis zum Ende seines Lebens. Den Genuß von Fleischspeisen
wies er zu gewissen Zeiten nicht zurück, aber keiner seiner
Schüler hat ihn je durch Speise oder Trank gesättigt gesehen.
Wenn er nach seiner Gewohnheit Arme und Reiche an seinen
Tisch geladen hatte, unterließ er nicht, ihren Herzen während
des Mahles die süßen Lehren des ewigen Lebens zu spenden,
so daß sie mehr durch geistige als durch leibliche Genüsse ge=
sättigt zurückkehrten. Er war ein Vater der Armen und ein
Verächter seiner selbst und suchte sich nach der Lehre des Apo=
stels[4] Allen so anzupassen, daß er Allen von Nutzen sein könnte.
Auch war er sehr begierig, der Lehre wegen zu den Nord=
mannen zu gehen, aber König Karl gab dazu keineswegs seine
Einwilligung.

[1] Albrich, früher Mitschüler, dann Bischof Liudgers, wird in dem uns erhalte=
nen ersten Theile von Liudgers Werke nur selten erwähnt, vielleicht wurde mehr über
denselben in dem verloren gegangenen zweiten Theile berichtet.

[2] Mit Unrecht hat man aus dieser Stelle auf ein eigenes Werk Liudgers über
Bonifazius geschlossen, indem Alles, was Altfrid als über den Heiligen berichtet an=
führt, im Leben Gregors zu finden ist. Sonderbarer Weise verfällt Liudger bei seinen
Berichten über Bonifazius nicht selten in die gröbsten Irrthümer.

[3] 2 Kor. 10, 3. — [4] 1 Kor. 9, 19—22.

6*

31. Als der Herr bereits beschlossen hatte, ihm für seine frommen Arbeiten den ewig dauernden Lohn zu gewähren, wurde er einige Zeit vor seinem Tode von körperlichen Beschwerden heimgesucht. Aber schon krank beschäftigte er in gewohnter Weise seinen Geist fortwährend auf das Sorgfältigste mit heiligen Verrichtungen, indem er entweder geistliche Lesung anhörte, oder Psalmen sang, oder auch sich mit anderen geistlichen Dingen beschäftigte, damit er nicht, der frommen Betrachtung entfremdet, lau würde. Und fast jeden Tag feierte er, obwohl krank dem Körper nach, doch unermüdet im Geiste, das heilige Meßopfer. Am Sonntag aber, da er in der darauffolgenden Nacht von dieser Welt zum Herrn hinübergehen sollte, predigte er, gleichsam um den ihm anvertrauten Schafen Lebewohl zu sagen, in seinen beiden Kirchen öffentlich, nämlich am frühen Morgen in dem Orte, der Coasfeld[1] heißt, wobei ein Priester die Messe sang, und um die dritte Stunde[2] in dem Villurbeki genannten Orte, wo er, wie bereits gesagt, krank dem Körper nach, aber stark durch seine feurige Liebe, das letzte Meßopfer feierte, worauf er auch in der folgenden Nacht unter dem Beistand seiner Brüder dem Herrn die ihm wohlgefällige Seele zurückgab. In der Stunde seines Verscheidens würdigte sich der Herr, ein Zeichen seiner Gnade zu geben. Denn als der Priester Gerfrid, sein Neffe und Nachfolger, in derselben Nacht zugleich mit anderen Brüdern sich beeilte, ihn zu besuchen, und sie nur noch eine kurze Strecke Wegs hatten, sahen sie vor sich ein helles Licht gleich einem Feuer in die Höhe steigen und alle Finsterniß der Nacht verscheuchen. An diesem Zeichen erkannten sie sofort den Hingang des heiligen und ehrwürdigen Vaters, legten den noch übrigen Weg mit großer Eilfertigkeit zurück, fanden ihn aber bereits todt. Und als sie genau nachforschten, erkannten sie, daß in demselben Augenblicke,

---

[1] Coesfeld. — [2] Morgens 9 Uhr.

in welchem ihnen das Licht erschienen war, der unabläſſige
Forſcher und Liebhaber des Lichtes zum Herrn gewandert war.

32. Seine Schüler hatten nicht vergeſſen, daß der Prieſter
des Herrn, ſo lange er noch lebte, angeordnet hatte, man ſollte
ſeinen Leib in dem Werthina genannten Orte begraben, wo er
auf ſeinem Erbe[1] zu Ehren des Erlöſers, der heiligen Mutter
Gottes und des Apoſtelfürſten Petrus eine Wohnung für Mönche
und eine Kirche errichtet hatte; da ſich aber das Volk in An-
betracht ſeiner Verdienſte dieſem Vorhaben heftig widerſetzte,
ſo wurde derſelbe nach gehaltener Berathung in das von ihm
errichtete und Mimigerneforb genannte Kloſter geführt und in
der Kirche der heiligen Maria beigeſetzt, bis der Biſchof der
Cabalonenſiſchen[2] Kirche mit Namen Hildegrim, der Bruder des
Mannes Gottes und von ihm unterrichtet, mit dem glorreichen
König Karl unterhandelte, damit auf deſſen Befehl, oder vielmehr nach dem Beſchluſſe Gottes ſein heiliger Leib da begraben wurde, wo er es lebend ſelbſt verlangt hatte, und zwar
nach ſeinem Befehl außerhalb der Kirche, auf der öſtlichen Seite.
Er wollte nämlich niemals zugeben, daß ein menſchlicher Leichnam in einer von ihm geweihten Kirche begraben würde. Er
ſtarb aber im Jahre der göttlichen Menſchwerdung 809 am
26. März und am zweiundbreißigſten Tage nach ſeinem ſeligen
Tode, das iſt am 26. April wurde er an dem genannten Orte
begraben.

---

[1] Vielmehr auf dem durch Tauſch und Schenkung erworbenen Grunde. (Nach
dem Wortlaut müßte man eigentlich an das S. 80 erwähnte Wierum denken, welches
doch nicht möglich iſt. W.) — [2] Chalons a. d. Marne.

Anscharius

Das Leben Willehads, Bischofs von Bremen.

Uebersetzt von Dr. J. C. M. Laurent.

Neu bearbeitet von W. Wattenbach.

Einleitung.

So wichtig ausführliche Lebensbeschreibungen hervorragender Männer uns sind für die Geschichte früherer Jahrhunderte des Mittelalters, in welchem hervorragenden Persönlichkeiten einen größeren Einfluß auf ihre Zeitgenossen zu üben häufiger beschieden war, als dieses in Zeiten allgemeinerer Bildung der Fall zu sein pflegt, so werden jene Biographien uns noch bedeutender, je kürzer die derzeitigen Jahrbücher abgefaßt, je mangelhafter die Chroniken jener Zeiten geschrieben sind. Urkunden, falls sie sich erhalten haben sollten, belehren uns beinahe stets nur über kirchliche und Eigenthums-Verhältnisse, seltener über die Lebensumstände der in jenen benannten Personen. Briefe, welche für dieselben so sehr lehrreich zu sein pflegen, sind uns nur in wenigen Fällen durch eine besondere Gunst des Schicksals erhalten.

Von ganz besonderem Werthe sind daher für das nordwestliche Deutschland die Biographien von drei seiner ältesten und segensreichsten Bischöfe, des h. Willehad, Anskar und Rimbert, von welchen Werken die zwei ersten zu schreiben die beiden letztgenannten Erzbischöfe ihrem hohen Berufe nicht unangemessen erachteten. Diese Bücher haben wir das Glück in sehr alten trefflichen Handschriften zu besitzen, und finden wir daher in ihnen sogar einen Ersatz für manche verloren gegangene und den Prüfstein für die vorhandenen oft verfälschten Urkunden der betreffenden hamburgischen und bremischen Kirchen. Eine dieser Handschriften hat ein zu bedeutendes historisches Interesse, um nicht hier derselben zu gedenken, welche nämlich,

schon zur Zeit des Erzbischofes Adalbert von Hamburg geschrie=
ben, von dem erfolgreichsten der Nachfolger jener drei Glau=
bensboten des Nordens, dem verehrungswürdigen Bekehrer der
Ostsee=Slaven, Vicelinus, ersten Bischofe zu Lübeck, in seiner
Jugend dem Domkapitel zu Paderborn, wo er den ersten wis=
senschaftlichen Unterricht erhalten hatte, geschenkt wurde.

Das hier vorliegende Leben des h. Willehad, eines der
gesegnetsten Bekehrer der heidnischen Friesen und Sachsen, des
ersten Bischofs von Bremen, trägt den Namen des Erzbischofes
Anskar als seines Verfassers an der Spitze. Dieser, in der
Picardie oder einem benachbarten Districte geboren, war dem=
nach kein Landsmann des Angelsachsen, seines Vorgängers, wel=
cher sogar wenigstens zehn Jahre vor Anskar's Geburt ver=
storben war, und von welchem sein bischöflicher Nachfolger durch
ein halbes Jahrhundert der Regierung des Bischofes Willerik
getrennt war. Anskar hat daher nicht einmal von Schülern
und Freunden des h. Willehad viel über denselben vernehmen
können und ist seine eigentliche Biographie auf wenige Blätter
beschränkt. Er kannte selbst nicht Willehad's Vertrautheit mit
dem großen Apostel der Friesen, dem h. Liudger, dem ersten
Bischofe zu Münster, und mit dessen berühmtem Freunde, dem
Magister Alkuin zu York, welcher uns durch einen Brief des
letzteren an jenen kund geworden. Alkuin scheint sogar einige
Zeit bei Willehad auf dem Festlande gelebt und gewirkt zu
haben.

Anskar's kurze Schrift enthält jedoch die ältesten und er=
scheint als die Quelle aller späteren Nachrichten über die Thaten
des ältesten Apostels für Niedersachsen, dessen Kirche an dem
Weserstrom durch seine Nachfolger für das nördliche Europa
zu einer so großen Bedeutung berufen war. Doch auch der von
Anskar gegebene Anhang über die am Grabe des h. Willehad
geschehenen Wunder bewahrt uns mannigfaltige Notizen über

die äußeren und inneren Zustände jener Zeit, und besitzet neben
manchem historischen und geographischen ein wenn auch nicht
streng arzneiwissenschaftliches, doch unstreitiges psychologisches
Interesse.

Hamburg, den 21. April 1856.

J. M. Lappenberg.

Dieses Vorwort von dem einst hochverdienten Gelehrten
glaubten wir nicht antasten zu dürfen, obgleich es nach dreißig
Jahren dem heutigen Stande der Forschung nicht mehr voll=
ständig entspricht. Adam von Bremen I, 14 sagt zwar, daß
Anskar das Leben Willehads verfaßt habe, und dabei hat
man sich lange beruhigt. Zuerst G. Dehio in seiner Geschichte
des Erzbisthums Hamburg=Bremen bis zum Ausgang der Mis=
sion (Berlin 1877) hat I b, S. 51 darauf hingewiesen, daß
diese Angabe unmöglich richtig sein kann, und nachdem einmal
die Aufmerksamkeit darauf gerichtet ist, kann ein Zweifel nicht
gut mehr möglich sein. Anskar war ein großer Verehrer des
heiligen und wunderthätigen Bischofs, er hat im J. 860 seinen
Leib feierlich erhoben und übertragen, und die Wunder be=
schrieben, welche man seiner Fürbitte zuschrieb. In diesem Büch=
lein aber nennt er sich ausdrücklich und verhehlt nirgends seine
eigene Persönlichkeit. Nirgends ist der geringste Hinweis dar=
auf, daß er auch das Leben Willehads beschrieben habe, und
auch der Stil seines salbungsvollen Vorworts ist ganz verschie=
den von dem des ersten Vorworts. Es ist geradezu undenkbar,
daß beide Schriften denselben Verfasser haben. Dazu kommt
noch, daß Anskar auch der Zeit nach Willehad schon sehr fern
stand, der Verfasser der Lebensbeschreibung aber aus einer noch
lebendigen Ueberlieferung schöpfte, wenn gleich auch er erst nach
dem Tode Willerichs (838) geschrieben hat. Dem entspricht es,
daß er nur wenig bestimmte Thatsachen berichten konnte, im=

merhin aber doch mehr, als wir auf mündliche Ueberlieferung
allein zurückführen dürfen. Merkwürdiger Weise finden wir
einige dieser Nachrichten, von Willehads Weihe und seinem Tod,
von dem Sachsen Wibukind und Karls Kaiserkrönung, wie schon
Pertz bemerkt hat, auch in der aus dem weit entfernten fran-
zösischen Kloster Moissac stammenden Chronik. Für diese aber
sind eine Hauptquelle die Annales Laureshamenses, an welche
gleichfalls eine Stelle wörtlich anklingt, während freilich die
übrigen darin nicht zu finden sind. Doch hat man schon aus
anderen Gründen angenommen, daß der Chronist von Moissac
jene Annalen in reicherer Form, als wir sie besitzen, gekannt
hat, und ein solches Exemplar, vielleicht noch mit anderen Zu-
sätzen versehen, scheint auch der Biograph Willehads besessen
zu haben. [1]

Was Lappenberg ferner über seine Freundschaft mit Alkuin sagt, beruht auf der folgenden Stelle eines in Willehads
Todesjahre von Alkuin geschriebenen Briefes: „Grüße tausend-
mal meinen so sehr geliebten Bischof Vilhaed. Es reut mich
sehr, daß ich ihn verlassen habe. Möchte ich ihn doch sehen
und meinen Lebenslauf auf der Pilgerfahrt beschließen können!" [2]
Der ungenannte Abt, an welchen der Brief gerichtet ist, war
auch bei der Bekehrung der Sachsen thätig. Die Freundschaft,
welche Alkuin mit Willehad verband, wird wohl schon aus ihrer
gemeinsamen northumbrischen Heimat stammen; daß Alkuin bei
Willehad einige Zeit gelebt und gewirkt habe, wie Lappenberg
meint, scheint nicht gut möglich anzunehmen: er wird ihn aber
bei seiner Bischofsweihe wiedergesehen und vielleicht eine Strecke
weit begleitet haben.

Berlin im Mai 1888.   **Wattenbach.**

---

[1]) Vgl. B. Simson in den Forschungen zur Deutschen Geschichte XIX, 133.

[2]) Et saluta millies dilectissimum meum Vilhaed episcopum. Multum me
poenitet, quod recessi ab eo. Utinam videam eum, et sit cursus vitae meae con
summatus in peregrinatione. Jaffé, Biblioth. rer. Germ. VI, 165.

Vorwort.

Wenn der Gläubige, von frommer Begeisterung erfüllt, sich getrieben fühlt, der Heiligen Lob und Thaten zu verkünden, so will er in ihnen Christum selbst preisen, den Erlöser selbst verherrlichen. Denn nur durch Seine Kraft haben sie den Sieg errungen, weil sie durch Seine Gnade in gutem Wandel treu befunden sind. Von Gottes Gnade sind ja, wie der Apostel[1] bezeuget, die Heiligen was sie sind, und weil diese Seine Gnade immer nur guter Art ist, so wird auch durch sie der Mensch zum Streben nach dem Guten angeregt. Durch eben diese Gnade Gottes geschieht es auch, daß der Keim des Guten, welcher bereits zu sprießen begonnen hat, allmählich zunimmt und wächst und vielfältige Frucht trägt, so daß jeder Gerechte, wenn er nur will, wenn er nur in vollem Maaße und mit unbegränztem Eifer will, die Gebote Gottes erfüllen kann. Darum verdienen also die Heiligen Lob wegen ihrer Verdienste, oder vielmehr Christus ist in ihnen zu loben, Christus, durch dessen Gnade sie in den Stand gesetzt wurden, gut und heilig zu werden. Obwohl nun aber diese Loblieder manchen, die hienieden ein frommes, glaubenskräftiges Leben führen, aus dem Munde andächtiger Gläubigen schon während ihres Lebens mit Recht erschallen, so ist es doch besser und verständiger, erst dann die Heiligen so zu feiern, wenn sie alle Gefahren des Erdenlebens glücklich bestanden und überwunden haben, da es gewiß passender ist, erst dann, wenn weder der Ge-

---

[1] Paulus an die Kor. I. 15, 10.

priesene in Versuchung kommen kann, hochmüthig zu werden,
noch der Preisende dem Vorwurfe der Schmeichelei sich aussetzt,
die Heiligkeit eines Menschen zu preisen und zu erheben. Daher ist es denn auch ganz mit Recht in der heiligen Kirche
Sitte geworden, den Wandel und die Frömmigkeit der Heiligen, welche in diesem Leben durch Wunderthaten, durch gläubige Hingebung und durch Ausübung guter Werke Preis und
Dank erlangt haben, erst nach ihrem Hinübergange zu schildern, damit die Nachkommen an ihnen Vorbilder der Tugend
haben und an ihrem Beispiele sehen mögen, wie weit Gottes
Barmherzigkeit reicht, und erkennen, daß sie an dem, was sie
vielleicht für unmöglich halten, im Hinblicke auf die Thaten,
welche jene, die doch nur, wie sie, hienieden in der gebrech-
lichen Leibeshülle einher wandelten, durch Gottes Gnade verrichtet haben, nicht verzweifeln dürfen. Wenn nun alle Gläubigen von Rechteswegen allen Heiligen, den seligen Bürgern
jener himmlischen Heimat, solche Ehre zu erzeigen schuldig sind,
so muß doch mit um so größerem Eifer ein jeder dergleichen
Verpflichtungen gegen die fühlen, unter deren Schutze er insbesondere zu stehen, unter deren Obhut er vor allem geborgen
zu sein voll fester Zuversicht glaubt und vertrauet. Aus diesen
Gründen habe auch ich es für Pflicht gehalten, das fromme
und stets gottselige Leben unseres heiligen Vaters Willehad,
des ersten Bischofs zu Bremen, zu beschreiben, um dadurch,
daß ich die Triumphe schilderte, welche seine wunderbare That-
kraft errang, in ihm sowohl die Herrlichkeit zu verkünden, als
auch seine Heiligkeit anderen als Muster zur Nachahmung hinzustellen.

----

1. Es war also der ehrwürdige Mann Willehad, dem Volke
der Angeln angehörend, ein Nordhumberländer. Von Kindheit

an der Gottesgelehrfamkeit sich widmend und in der heiligen
Wissenschaft unterwiesen, begann er voll Eifers dem Dienste
Gottes sich zu weihen, und zeigte sich, indem er Tag und Nacht
fastete, wachte und betete, als Verehrer des allmächtigen Gottes.
Er betrug sich so ehrbar und tugendhaft, daß er bei allen
seinen Landsleuten und Nachbaren beliebt und von allen gelobt
wurde. So ward denn auch, als er zu den gehörigen Jahren
gekommen war, die Gunst, in der er bei allen stand, bei der
Wahl offenbar, durch welche er zur Würde eines Priesters er=
hoben wurde. Auf dieser Bahn aber war er durch Heiligkeit
des Wandels und durch die rühmlichste Ausübung guter Werke
sich stets mehr und mehr zu fördern und weiter zu kommen
bemüht. Nachdem er also die Priesterweihe empfangen hatte,
vernahm er, daß die Friesen und die Sachsen, welche bis da=
hin ungläubige Heiden gewesen waren, dem Götzendienste ent=
sagt, nach den Lehren des katholischen Glaubens schon ein ge=
wisses Verlangen gezeigt und den Wunsch kundgegeben hätten,
durch die heilige Taufe von der alten Unreinigkeit befreiet zu
werden. Diese Nachricht erfüllte den Mann Gottes mit großer
Freude, und, von inniger Liebe entbrannt, begann er sich an=
gelegentlichst darum zu bekümmern, wie er, um Gott zu ehren,
nach jenen Gegenden hin gelangen könnte. Und weil der Knecht
Gottes, vom Geiste des Herrn getrieben, in diesem Eifer von
Tage zu Tage heftiger entbrannte, so konnte sein Licht denn
auch nicht in der Finsterniß unter dem Scheffel verborgen blei=
ben, sondern es ward gesetzet auf einen Leuchter, auf daß es
leuchten sollte allen, die sowohl damals im Hause des Herrn
waren, als bereinst in demselben sein würden. Er begab sich
also zu dem Könige, welcher damals über das Volk der An=
geln regierte, Namens Alachrat[1], schilderte demselben unter

---

[1] Alachred, Eanwins Sohn, regierte über Northumberland von 765—774. S.
Lappenberg, Gesch. v. England I, 209. 210.

einem Strome von Thränen, welcher Eifer, dem Herrn zu dienen, ihn erfülle, und bat ihn um die Erlaubniß, die ebenerwähnten Länder besuchen zu dürfen, um dort das Wort Gottes zu predigen. Sobald dieser seine fromme Absicht vernommen hatte, berief er eine zahlreiche Versammlung von Bischöfen und anderen Geistlichen, schilderte in Gegenwart aller Willehads heiße Sehnsucht, und ordnete ihn unter allgemeiner Zustimmung (denn schon längst hatten alle seine Heiligkeit erkannt und bewundert) ab, um, der Gnade des Herrn empfohlen, in die genannten Gegenden als Sendbote des Evangeliums sich zu begeben.

2. Mit freuderfülltem Herzen begab er sich auf die Reise, schnell setzte er über das Meer, und kam nach Friesland an einen Ort Namens Dockynchirica[1] im Lande Hostraga, wo einst Bischof Bonifatius mit der Märthrerkrone geschmückt war. Hier also, wo dieses Blutzeugen Predigt viele zum Glauben gebracht hatte, wurde Willehad mit vielen Ehren empfangen, und blieb daselbst, Gottes Wort lehrend, lange Zeit; denn gar viele Edele gaben ihm auch ihre Kinder zu unterrichten. Diese leitete er sowohl durch seine Lehre, als durch das Beispiel seines frommen Wandels zur Liebe Gottes an. Auch führte er gar manchen Irrenden wieder zum wahren christlichen Glauben zurück, und zeigte sich selbst dort als ein hellstrahlendes Licht göttlichen Glanzes. Er unterwies auch eine sehr große Menge von Heiden in der Lehre Christi, und taufte sie zu Dockynchirica.

3. Von da reiste er weiter. So kam er über einen Fluß Lovefe[2] und nach einem Orte Namens Humarcha[3]. Daselbst begann er den Heiden das Wort Gottes zu verkündigen und ihnen in's Herz zu reden, daß sie den abergläubischen Götzen

---

¹) Kirche zu Dockum im Lande Ostergo in Westfriesland, Diöcese Utrecht.

²) Jetzt Lauwers. — ³) Hummerze, jetzt Humsterland, der Name eines in der Münsterschen Diöcese gelegenen Gaues, ostwärts der Lauwers, im Süden an Drenthe stoßend.

dienst aufgeben und den einigen wahren Gott erkennen möchten, um durch das sühnende Wasser der Taufe Vergebung ihrer Sünden zu erlangen; denn thöricht, sagte er, und nichtig ist es, von einem Steine Hülfe zu erwarten, und von stummen und leblosen Bildern Schutz und Trost zu hoffen. Als aber das wilde, dem Götzendienste ganz ergebene Volk ihn so reden hörte, so geriethen alle insgesammt in Zorn und Wuth, und zähneknirschend schrieen sie, ein solcher Frevler dürfe nicht länger leben; wer solche Lästerworte gegen ihre unüberwindlichen Götter auszusprechen wage, der sei des Todes schuldig. Einige Verständigere jedoch sprachen den übrigen folgendermaßen zu. Sie sagten, sie kennten diese Art von Religion nicht, sie wüßten nicht, ob dieselbe göttlichen Ursprungs sei, oder nicht; auch sei der Mann sonst keines Verbrechens zu zeihen; darum dürfe man ihn auch nicht auf eine so unbegründete Weise zum Tode verurtheilen; man müsse vielmehr das Loos über ihn werfen: da werde der Himmel zeigen, ob er den Tod verdiene; wenn nicht, so möchten sie ihn frei seines Weges ziehen lassen und sich selbst ja nicht mit Schuld beflecken. Man folgte ihrem Rathe, und nach heidnischer Weise ward über Willehad das Loos geworfen, ob er am Leben bleiben oder sterben solle. Da sorgte denn die göttliche Vorsehung, daß das Todesloos über ihn nicht fallen konnte; daher wagten sie ihm auch weiter nichts anzuhaben, sondern ließen ihn, nachdem sie sich noch einmal mit einander berathen, unangetastet ziehen.

4. Er also gelangte von da nach Thrianta[1], wo er durch seine Predigt eine sehr große Menge Heiden zum Glauben und zum Sakramente der Taufe brachte. Hier verweilte er längere Zeit, und war darauf bedacht, nicht blos die Ungläubigen zu unterweisen, sondern auch die Gläubigen auf dem Wege der Wahrheit durch Wort und Beispiel zu stärken. Gar viele be=

---

[1] Gau Drenthe in der Utrechter Diöcese.

gannen seinen tugendhaften Wandel zu achten und die Verir=
rungen der Heiden zu verabscheuen, die christliche Religion aber
zu bekennen und mit Innigkeit und Andacht auszuüben. Da=
her kam es, daß einige seiner Schüler, von göttlichem Eifer
ergriffen, die in der Umgegend zerstreuten heidnischen Tempel
zu zerstören und auf alle Weise zu vertilgen begannen. Dies
bewog die Heiden, die bis jetzt noch ungläubig geblieben waren,
wuthentbrannt plötzlich mit großer Gewalt über sie herzufallen,
um sie allesammt zu vernichten. Bei der Gelegenheit schlugen
sie den Knecht Gottes mit Knitteln, und er mußte viele Streiche
leiden. Einer von ihnen drang sogar mit gezücktem Schwerte
auf ihn ein, und wollte ihm das Haupt abschlagen; allein der
fromme Mann hatte gerade eine Kapsel mit Reliquien am Halse
hangen, und als nun der Streich des Schwertes auf seinen
Hals fiel, so schnitt derselbe zwar den Riemen, woran die
Kapsel hing, zum Theil durch, konnte aber ihn selbst durchaus
nicht verletzen. Ueber dieses Wunder erschreckt, ließen die Hei=
den ihn und seine Gefährten unverletzt fort, und wagten sie
nicht weiter zu belästigen.

5. Darauf ließ Karl, der glorreiche König der Franken,
zu dessen Ohren Willehads Ruhm gedrungen war, ihn zu sich
rufen. Schon oft nämlich hatte er sich bemühet, die Sachsen
zum Christenthume zu bekehren: allein immer waren sie wieder
vom wahren Glauben abgewichen und ins Heidenthum zurück=
verfallen. Als Willehad kam, empfing ihn der König sehr
ehrenvoll, unterredete sich angelegentlich mit ihm, und hörte
aufmerksam auf seine Lehre. Da er nun auch seinen sittlich=
reinen Lebenswandel und seine Festigkeit und Treue im Glau=
ben erkannte, so sandte er ihn zu den Sachsen in den Gau
Wigmodien[1], um daselbst im Auftrage des Königs Kirchen zu

---

[1] Der Gau Wigmodien lag am östlichen Ufer der Weser und der Wümme, von

bauen, dem Volke das Evangelium zu predigen und allen dort
wohnenden den Weg des ewigen Lebens zu zeigen. Willehad
übernahm dies Amt in Demuth, und verwaltete es mit der
größten Pflichttreue. Er bereiste ringsumher seinen ganzen
Sprengel, und bekehrte durch seine Predigt viele zum Glauben
an den Herrn, so daß im zweiten Jahre nach seiner Ankunft
sowohl die Sachsen, als die in der Umgegend wohnenden Friesen insgesammt Christen zu werden gelobten. Dies geschah
denn auch im Jahre 781, im 14. Jahre der Regierung Karls,
der jedoch noch nicht zum Kaiser erhoben war. Dazu wurde
er erst später, in seinem vierunddreißigsten Regierungsjahre,
von der Hand des hochwürdigen apostolischen Herrn Leo zu
Rom geweihet; erst da begrüßte die katholische Kirche von ganz
Europa mit ehrerbietigem Glückwunsche ihn als den römischen
Kaiser und Imperator. Die kaiserliche Würde nämlich, welche
seit dem frommen Kaiser Constantin bei den Griechen zu Con-
stantinopel gewesen war, hatte man, nachdem die Männer königlichen Stammes daselbst ausgestorben und die Regierung mehr
in die Hände der Frauen als der Männer gekommen war, um
diese Zeit zufolge der Wahl des römischen Volkes in einer sehr
großen Versammlung von Bischöfen und anderen Geistlichen an
das fränkische Reich übertragen, weil König Karl sowohl die
Stadt, welche einst das Haupt des Reiches gewesen war, als
auch viele andere Länder des römischen Reiches beherrschte, wes-
halb er mit Recht des kaiserlichen Scepters für würdig erachtet
würde. — In der vorerwähnten Zeit seiner Regierung also
begann der Knecht Gottes Willehad in Wigmodien Kirchen zu
bauen und Priester in denselben anzustellen, welche dem Volke
die Lehren des Heiles und die Gnade der Taufe freigebig
spendeten.

Langwedel bis Stotel. In ihm lag die Stadt Bremen und also der Kern des Bisthumes dieses Namens.

6. Im folgenden Jahre[1] erhob sich, angereizt vom Teufel, dem Feinde alles Guten, Widukind, ein Mann verstockten Herzens. Dieser sammelte in der Absicht, sich gegen König Karl zu empören, eine große Menge Sachsen, und diese Bösewichter waren nun einhellig bemüht, die, welche treu im Christenglauben verharrten, zu verfolgen, auch die Diener der Kirche, wo sie sie trafen, zu vertreiben und aus dem Lande zu jagen. Diese Verfolgung bewog den Knecht Gottes nach dem Gebote des Herrn, welcher[2] gebeut: „Wenn sie euch aber in einer Stadt verfolgen, so fliehet in eine andere,“ von Wigmodien nach Utriustrien[3] sich zu begeben. Dort schiffte er sich ein, und fuhr über das Meer bei Friesland vorbei. So entkam er durch die Gnade Gottes seinen Verfolgern. Die Sachsen aber löschten nun ihren Blutdurst, den sie in dem Blute des Meisters nicht hatten befriedigen können, mit um so heißerer Wuth in dem seiner Schüler. Sie brachten nämlich den Priester Folcard sammt dem Grafen Emmig im Lande Leri[4], ferner den Benjamin in Ubriustri[5], dann den Geistlichen Atreban in Thiatmaresgaho[6] und endlich den Gerwal mit seinen Genossen in Bremen aus Haß gegen die Christen durch das Schwert ums Leben. Nachdem diese Blutzeugen so durch das Opfer ihres eigenen Blutes sich das Himmelreich erschlossen hatten, raste nachher noch lange der Sturm der Verfolgung bei den abtrünnigen Sachsen.

7. Weil nun der Mann Gottes sah, daß die Umstände ihm die Predigt des Evangeliums damals nicht gestatteten, so begab er sich auf die Reise, und besuchte Pippin, den König der Langobarden. Dann gelangte er glücklich nach Rom. Dort er-

---

[1] 782. — [2] Matth. 10, 23. — [3] Ut-Riustri ist der äußere Theil von Riustri, dem Gau Rustringen, in der Diöcese Bremen, jetzt Rustringerland, im Großherzogthume Oldenburg, an beiden Ufern der Jahde.

[4] Laergau, westlich von der Weser, an dem Flusse Hunte.

[5] d. h. Ober-Riustri. — [6] Ditmarschen.

schien er vor dem heiligen Stuhle des Apostelfürsten St. Petrus, und empfahl mit Thränen und Flehen sich und die ganze Schaar der Gläubigen inbrünstig und andachtsvoll der Gnade des Herrn. Insbesondere betete er für die, deren Seelenheil ihm am meisten am Herzen lag, damit nicht etwa die in Sachsen eben gepflanzte Christengemeinde durch die Ränke des Teufels ganz wieder vernichtet werden möchte. Von da reiste der Knecht Gottes, vom ehrwürdigen Papste Adrian[1] gar sehr getröstet und gestärkt, freudigen Herzens nach Franken zurück. Auf dieser Reise offenbarte sich an ihm die wunderwirkende Kraft des Herrn. Ein Diener des Gottesmannes nämlich, Albo, der das Essen besorgte, hatte eine hölzerne Schüssel seines Herrn, die er sorgfältig gereinigt und abgerieben demselben zu Mittage vorzusetzen pflegte. Diese fand er eines Tages zerbrochen. Als nun Willehad um die Essenszeit sie bringen lassen wollte, dachte der Diener nicht daran, seine Nachlässigkeit zu verhehlen, sondern gestand, sie sei zerbrochen. Sogleich befahl der Mann Gottes sie, wie sie wäre, ihm zu bringen. Als aber der Diener wieder an die Stelle kam, wo er sie zerbrochen hatte liegen lassen, fand er sie ganz unversehrt, wie wenn sie nie Schaden genommen hätte. Froh und heiter brachte er sie, und setzte sie vor Willehad hin, nachdem er vorher mit Zittern und Zagen von seinem zürnenden Gebieter eine wohlverdiente Züchtigung zu bekommen befürchtet hatte. Daß nun dies durch die Gnade des Himmels zu Gunsten des frommen Mannes geschehen, ist nicht zu bezweifeln, obwohl er selbst, allem Hochmuthe feind, dies lieber verschwiegen zu halten als bekannt zu machen wünschte.

Nach seiner Rückkehr von der Reise begab sich Willehad nach Afternacha.[2] Dort vereinigten sich seine aus Furcht vor

---

[1] Hadrian I, 772—795. — [2] Epternach, Echternach, ein Kloster St. Willibrords, im ehemaligen Sprengel von Trier, nordöstlich von dieser Stadt.

der Verfolgung zerstreuten Schüler wieder mit ihm. Diese ermunterte und tröstete er voll Güte, und ermahnte sie liebevoll, stets auszuharren in der Treue gegen ihren Herrn und Meister Jesus Christus. Zwei Jahre hatte er sich ungefähr zu Afternacha aufgehalten, als er ein einsames Klausnerleben zu führen beschloß. Auch dann war sein Leben kein gewöhnliches, sondern er las und betete, mitunter aber beschäftigte er sich eifrig mit dem Schreiben. Er schrieb damals die Briefe St. Pauli in einem Bande und sehr viele andere Bücher, welche seine Nachfolger als theure Denkmale der Erinnerung an ihn sorgfältig bewahrten, und welche noch jetzt unbeschädigt daliegen. Auch wurden daselbst manche durch seine Lehre und sein Beispiel von ihm auf bessere Wege gebracht und zum eifrigen Dienste des Herrn ermuntert.

8. Darnach erschien der hochwürdige Diener des Herrn Willehad zum zweiten Male vor König Karl [1], der sich damals gerade in Sachsen in der Veste Eresburch aufhielt, und schilderte demselben seinen brennenden Trieb, den Frieden des Evangeliums zu verbreiten. Er bat den König, ihn damit gnädigst zu beauftragen. Dieser gab ihm zur Unterstützung bei seiner Arbeit und zum Unterhalte für seine Gehülfen die Celle [2] Justina [3] in Franken zu Lehen, und befahl ihm den Sprengel, den er zu bilden begonnen hatte, in Christi Namen wieder aufzusuchen. Er nahm dies mit Dank und frommer Ergebung an, und kam zum zweiten Male nach Wigmodien, wo er allem Volke laut und eifrig die Lehre Christi verkündigte. Auch stellte er die zerstörten Kirchen wieder her, und setzte an jeder einzelnen bewährte Männer ein, den Menschen den Weg des Heiles zu weisen. Und so kam durch Gottes Fügung in demselben Jahre noch das Volk der Sachsen wieder zu dem Christen-

---

[1] Karl war zu Eresburg von Ostern bis Juni 785. — [2] Ein kleines, nicht selbständiges Kloster. — [3] Mont-Jutin in Oberburgund.

glauben, welchen es vorher verloren hatte. Ja selbst Wibukind, der Urheber des ganzen Unheils und Anstifter des Abfalles, unterwarf sich in demselben Jahre dem Könige Karl und er= langte die Gnade der Taufe. So wurden für einige Zeit die Uebel, welche durch seine Tücke herbeigeführt waren, beseitigt.

Darauf, als alles zum Frieden gebracht zu sein schien und die Sachsen den trotzigen Nacken unter Christi sanftes Joch, obwohl gezwungen, beugen gelernt hatten, ließ der erwähnte hocherhabene Fürst, während er sich zu Worms aufhielt, den Knecht Gottes Willehad am 13. Juni (787) zum Bischof weihen, und bestellte ihn zum Seelenhirten über Wigmodien, Laras, Riustrien, Asterga[1], Nordendi[2] und Wanga[3], um daselbst in bischöflicher Hoheit die Völker zu leiten und, wie er begonnen, durch heilsame Lehre und ausgezeichnete Werke zu nützen und sorgfältig die Oberaufsicht zu führen. Daher war er der erste Bischof dieser Diöcese. Seine Erhebung zu dieser Würde war darum so lange verschoben worden, weil das der Bekehrung widerstrebende Volk, da es kaum eine kurze Zeit lang gewöhn= liche Priester unter sich zu dulden gezwungen werden konnte, von einem Bischof sich durchaus nicht regieren ließ. Aus die= sem Grunde wirkte er sieben Jahre vorher in demselben Spren= gel nur als Presbyter, doch nannte man ihn Bischof, und so viel es ihm möglich war, verwaltete er alles mit der Voll= macht eines Vorstehers. Nach Empfang der bischöflichen Weihe aber begann er sich in allem noch eifriger zu benehmen und in erhöhetem Maaße die Tugenden zu üben, wodurch er sich bis= her schon so verdient gemacht hatte.

9. Von Jugend auf war er nämlich sehr mäßig und diente schon als Kind Gott dem Allmächtigen voll Eifers. Wein und

---

[1]) Ostringien im Oldenburgischen, zwischen Rustringien und Wangerland.

[2]) Um die Stadt Norden, in dem zum Bremischen Sprengel gehörigen nörd= lichen Theile Ostfrieslands.

[3]) Jetzt Wangerland, im Jeverschen Kreise des Herzogthums Oldenburg.

Meth, sowie alle berauschenden Getränke mied er. Seine Nah=
rung bestand in Brod und Honig, Gemüse und Obst; denn
sowohl des Fleisches als der Milch und der Fische enthielt er
sich; außer daß der erwähnte Papst Adrian ihm in seiner
letzten Lebenszeit wegen häufiger körperlicher Schwächen befahl
Fische zu genießen. Ihm gehorchend, begann er in diesem
Stücke etwas weniger strenge gegen sich zu sein. Ferner ver=
ging fast kein Tag, ohne daß er die Feier der heiligen Messe
mit vielen Thränen und ganz zerknirschtem Herzen beging. Un=
abläffig widmete er sich dem Lesen und Durchforschen der hei=
ligen Schrift. Voll Eifers betrieb er auch das Singen der
Pfalmen[1], so daß er fast täglich einen, mitunter oft auch zwei,
ja drei Pfalter absang. Diese und ähnliche gute Werke waren
seine Stütze, diese setzten ihn in den Stand, sich der Gemeinde
als ein großes Beispiel göttlicher Gnade darzustellen. So war
seine Lehre doppelt eindringlich, da er durch sein Beispiel be=
stätigte, was sein Mund predigte. Der heilige Mann reiste in
seinem ganzen Sprengel umher, er befestigte die früher getauf=
ten Christen im Glauben, und rührte durch seine Predigt die
irrenden Herzen gar vieler, so daß sie den Weg des Heils be=
traten. Auch erbauete er zu Bremen ein Gotteshaus von wun=
derbarer Schönheit.[2] Diese Stadt bestimmte er auch zu seinem
bischöflichen Sitze. Den Dom weihete er am Sonntage, dem
1. November, (789) zu Ehren unseres Herrn Jesu Christi
unter Anrufung des heiligen Petrus.

---

[1] Der prächtige lateinische Pfalter, welchen Karl der Große dem Papste Hadrian I
und dieser dem Willehad schenkte, wurde länger als 800 Jahre in der Domkirche zu
Bremen aufbewahrt und alljährlich an hohen Festtagen dem Volke gezeigt. Jetzt ist
diese kostbare, auf Pergament, mit großen goldenen Buchstaben geschriebene Hand=
schrift in der Wiener Bibliothek. M. (Wer dieser M. ist, vermag ich nicht zu sagen.
Die Richtigkeit dieser Ueberlieferung wird stark bezweifelt, dieser Pfalter vielmehr für
den von Adam von Bremen III, 44 erwähnten gehalten. s. Dehio, Gesch. d. Erzb.
Hamb. I, Anm. S. 53. W.)

[2] Die Domkirche, welche Willehad von Holz, sein Nachfolger von Steinen auf=
führte. Adam von Bremen, B. I, Kap. 20.

10. Kurz hernach aber kam er, (denn, von frommem Eifer getrieben, bereiste er sehr oft seine ganze Diöcese, und suchte durch Gottes Wort gar viele im Glauben zu befestigen), nach einem Orte Namens Pleccateshem.[1] Während seines Aufenthaltes daselbst begann er von einem heftigen Fieber heimgesucht zu werden, dessen Gluth von Tage zu Tage wuchs, so daß seine Schüler, die bei ihm waren, die Hoffnung auf sein Wiederaufkommen aufzugeben begannen. Da trat einer derselben, der mit dem heiligen Manne vertraulicher zu reden gewohnt war, er hieß Egisrik, zu ihm hin, und schilderte ihm weinend und klagend seine Besorgniß in Betreff seines Todes, wies dabei auch hin auf die Gefahr, welcher die ihm anvertraute Gemeinde ausgesetzt sei, wenn sie nun von ihm verlassen wäre, da sie eben erst durch seine Leitung dem Dienste Gottes sich ergeben zu haben schiene. „Scheide doch nicht, ehrwürdiger Priester," sprach Egisrik, „so schnell von denen, die Du erst vor kurzem dem Herrn gewonnen hast; verlasse nicht so früh die Gemeinde, die Geistlichkeit, welche durch Deinen Eifer zusammengebracht sind, damit nicht die an Glauben noch so schwache Heerde den Bissen der Wölfe preisgegeben werde. Beraube uns, Deine demüthigen Schützlinge, nicht Deiner heiligreinen Gegenwart, daß wir nicht umherirren wie Schafe ohne Hirten." Ihm antwortete tief ergriffen der fromme Mann: „Mein Sohn, rufe mich nicht länger ab vom Anschauen meines Herrn und Meisters, schildere mir nicht mit klagenden Worten die Last des zeitlichen Daseins. Ich wünsche hienieden nicht länger zu leben, ich fürchte den Tod nicht; ich bete nur zu Gott, den ich stets von ganzem Herzen geliebt, dem ich mit voller Hingebung gedient habe, daß er mir für meine Anstrengungen voll Güte und Milde einen Lohn ertheilen möge, wie es ihm beliebt. Die Schafe aber, die er mir anvertraut hat, übergebe

---

1) Blexem oder Blexum an der Weser, unterhalb Bexesack.

ich Seiner Obhut. Seine Kraft hat mich ja auch allein be=
seelt, wenn ich etwas Gutes habe wirken können. Seine Güte
wird euch nicht mangeln, denn alle Lande sind voll Seiner
Barmherzigkeit." So richtete also in frommer Ergebung der
Mann Gottes stets auf den Himmel seine Blicke, sandte unab=
lässig seine Gebete, seine heißen Wünsche vorauf gen Himmel,
und entschlief dann, ein theuerwerther Bekenner des göttlichen
Wortes, am Sonntage den 8. November, nach Sonnenaufgang,
in Christi Namen. Zu seiner Bestattung eilte von allen Seiten
die Bevölkerung herbei. Sie brachten den seligen Vater und
Lehrer unter Lobliedern und Hymnen nach dem Bischofsitze zu
Bremen, und bestatteten ihn daselbst in der neuen, von ihm
selbst erbaueten Kirche [1] mit verdienter Ehre und Feierlichkeit.

11. An dem Orte seines Begräbnisses zeigten viele Wun=
derzeichen klar und deutlich, daß der heilige Mann zum Streiter
Christi in Wahrheit erkoren war. Diese Zeichen und Wunder
wurden indeß aus Nachlässigkeit mit Stillschweigen übergangen,
und sind nirgends aufgeschrieben, obwohl es nicht wenige gab,
welche erklärten, sie wüßten, daß an jenem Orte sich wieder=
holt Gottes Kraft in Wundern kund gethan habe. Ja, auch
als sein Leichnam zur Zeit seines Nachfolgers Willerich rühm=
lichen Andenkens in die zweite Kirche versetzt wurde, soll der
Heilige auch dort gar viele Wunderthaten durch Gott befähigt
verrichtet haben, die indeß auch wieder von niemandem aufge=
zeichnet sind, obwohl viele versichern, daß sie vermittelst wirk=
licher Wunderkraft bewirkt worden seien. Indeß darf nicht

---

[1] Nämlich in der Peterskirche. Sein Nachfolger Willerich versetzte den Körper
Willehads aus der Peterskirche nach einer im Süden beim Dome erbauten Capelle.
Anskar führte denselben aber aus dieser in die Mutterkirche des Apostels Petrus zu=
rück. Jene nach Willehad benannte Capelle brannte in der Folge ab, wurde aber vom
Erzbischof Unwan wieder aufgeführt. S. Adam von Bremen B. I, Kap. 19. B. II,
Kap. 46. Zwischen jener nachher zu einem Hopfenlager benutzten und jetzt zu einer
Wohnung und zu einem Weinlager umgebauten Capelle und der Domkirche befindet
sich noch der Willhadi=Brunnen. M.

burch Stillschweigen unterbrückt werden, was als zur Verherr=
lichung des Heiligen vom Himmel kundgegeben bis jetzt noch in
der Bremer Kirche sich erhalten hat. Der Stab nämlich, den
er der Sitte gemäß als Bischof zu führen pflegte, war nach
seinem Tode von seinen gläubigen Verehrern in eine Lade nie=
bergelegt worden. Nun traf es sich, daß das Haus, in welchem
diese Lade stand, plötzlich in Brand gerieth, und daß mit dem
Hause zugleich auch die Kiste sammt allem, was darin lag,
gänzlich von den Flammen verzehrt wurde. Dem Stabe selbst
konnte das Feuer durchaus nichts anhaben, sondern er wurde
mitten im Feuer so unversehrt gefunden, daß nicht einmal ir=
gend ein Zeichen, daß er heiß gewesen, zu sehen war. Also
ist Gott der Allmächtige wegen seiner Heiligen zu preisen, da
er auch in den geringsten Dingen den Gläubigen das Verdienst
derselben darthut. Auch etwas anderes noch ereignete sich,
welches gleichfalls zeigte, daß der heilige Mann von großen
Verdiensten vor dem Herrn gewesen sei. Den Becher nämlich,
aus dem er alltäglich dem Herrn in der heiligen Messe zu
opfern pflegte, hatten seine Schüler voll liebender Treue an
einem bestimmten Orte sorglich aufbewahrt. Als aber auch dort=
hin das Feuer eindrang und alles verzehrte, so daß alles, was
aus Metall gearbeitet war, von der Hitze schmolz und zerging,
ward doch der Becher, obwohl er von Silber war, ganz un=
versehrt gefunden. So offenbarte sich denn an ihm die in
Wahrheit wunderbare Kraft des Herrn: weil er hienieden vom
wahren Feuer der Liebe zu Gott entzündet gewesen war, so
hatte auch nach seinem Tode das irdische Feuer keine Gewalt
über das, was er hinterlassen. Denn das Geschöpf ist dem Ge=
bote seines Schöpfers unterworfen; es verliert selbst die ihm
angeborene Kraft, sowie es den Ruf des Gebieters vernimmt,
und es kann, obwohl es sonst die Natur ihm vorschreibt, doch
kein Unheil anrichten, da eines jeglichen Wesens Wirkungskraft

von dem unbegrenzten allmächtigen Willen des Schöpfers ab=
hängt. Es wirkte aber der erkorene Priester Gottes, der fromme
Willehad, als Bischof zwei Jahre, drei Monate und 26 Tage,
worauf er nach wohlvollendetem Lebenslaufe in Segen zum
Herrn einging. Ihm, Gott dem Allgütigen, sei Preis und
Ehre, sei die Kraft und das Reich in alle Ewigkeit! Amen.

**Beschreibung der Wunder, welche wegen der Verdienste
des heiligen Willehad in der Kirche zu Bremen geschehen sind.**

Ansgar, durch die Gnade Gottes des Allmächtigen, welcher
nach der gnadenreichen Bestimmung seiner Liebe alle Seelen=
hirten und Lehrer in seiner Kirche bestellet, Vorsteher der Kirche
zu Bremen, wünschet der ganzen über den Erdkreis zerstreuten,
in treuer Eintracht lebenden Gemeinde der Gläubigen Frieden
und ewige Seligkeit in Christo Jesu.

Gar vielfach schon hat uns das Beispiel der Väter der
Kirche belehrt, daß wir die durch die wunderbaren Thaten
der Heiligen bezeugte Herrlichkeit des Herrn nicht mit Still=
schweigen übergehen dürfen; denn gar vieles von dem, was
Gott in seiner Liebe von seinen Dienern hienieden hat aus=
führen lassen, haben ja diese erleuchteten Männer mit großem
Eifer schriftlich der Nachwelt überliefert. Sie haben Schil=
derungen hinterlassen, welche nicht nur den frommen Wandel
gottbegabter Männer während ihres Erdenlebens darstellen,
sondern auch den unsterblichen Ruhm derselben im ewigen
Leben, wo sie mit Christo regieren, verkünden. Denn gewiß
lassen doch diejenigen, welche, obwohl sie von hier geschieden
sind, immer noch durch Wunder und verschiedene Gnaden=
wirkungen den Menschen ihre Anwesenheit offenbaren, erkennen,
daß sie zu hoher Würde verherrlicht sind, und machen es den

Herzen der Gläubigen so klar, wie der Tag ist, einleuchtend, wie groß ihr Verdienst bei Gott ist. Aber es ist auch kein geringes Zeichen der wahren katholischen Glaubenstreue, daß, was Gott in seiner Erhabenheit unsichtbar verrichtet, von der gläubigen Christenheit als unzweifelhafte Himmelsthat eben so fest geglaubt wird, als wäre es mit leiblichen Augen erblicket worden. Der gläubige Christ schreibt dem Verdienste der Heiligen die Thaten zu, welche an den Orten geschehen, wo die hochheiligen Ueberreste derselben bewahrt und verehrt wer= den, weil, wenn es gleich der allgewaltige Gott Israels ist, der seinem Volke Macht und Stärke verleiht, doch Er selbst als wunderbar in seinen Heiligen gepriesen und angebetet wird, in seinen Heiligen, deren Gebete und Verdienste die Ursache sind, daß Gottes Majestät Zeichen und Wunder thut. Doch selbst da nicht allein sieht man die Heiligen Heil bringen, wo sie körperlich durch ihre Asche oder Ueberreste anwesend sind, sondern der Glaube lehrt, daß sie überall, wo sie voll gläu= bigen Vertrauens bei dem, der allgegenwärtig ist, angerufen werden, vermöge der Macht und Majestät des Schöpfers, der ihre Verdienste lohnt, an jeglichem Orte seines Reiches den Gläubigen Hülfe leisten. Das hat sich bei zahlreichen Gelegen= heiten auf das einleuchtendste erwiesen; denn wie mancher, der sich im wüthenden Sturme auf dem Wasser oder sonst in irgend einer Gefahr befand, hat sich nicht, wenn er einen Heiligen anrief, plötzlich vom Himmel errettet gesehen! Folglich ist es unsere Pflicht, es möglichst vielen mitzutheilen, wenn der Herr durch seine Heiligen ein Wunder thut, damit die Nachkommen es im Gedächtniß behalten und dadurch eben so viel an Hoff= nung gewinnen, wie jene aus Gnaden an Glauben genossen haben. Daher habe auch ich in aller Demuth, was in unseren Tagen durch Gottes wirkende Kraft zur Darlegung der Ver= dienste des heiligen Bischofs und Bekenners Willehab geschehen

und kund geworden ist, beschreiben zu müssen geglaubt, damit
wir, wie wir mit vollem Rechte die durch die Heiligen alter
Zeiten geschehenen Wunderthaten preisen, eben so die staunens=
werthen Thaten, welche jetzt zu unserer Zeit von dem ersten
Bischofe dieser unserer Bremer Kirche wiederum von neuem
Leben zeugend ausgeführt sind, mit allen Kräften unseres
Herzens aufnehmen und lobpreisen. Denn noch hat der Herr
die Seinen, die Er erlöst hat, nicht vergessen, sondern Er hat
denen, die unter den unzähligen, von den feindlichen Heiden
ihnen drohenden Gefahren beinahe alles Trostes entbehrten,
diese Gnade himmlischer Heimsuchung zu Theil werden lassen,
damit sie auf Gottes milde Güte mit weit größerem Ver=
trauen hoffen sollten, wenn sie nämlich erkenneten, daß ein so
großer, so gottgeliebter Schutzheiliger nicht blos im Geiste,
sondern auch im Körper beständig bei ihnen bleibe; ferner
damit sie kein Bedenken trügen, die obwohl verwüstete Heimat
wieder zu bewohnen, da sie nicht zweifelten, daß ihres hoch=
heiligen Vaters Verdienste ihnen daselbst helfend zur Seite
stünden; daß sie vielmehr frohen Herzens die verlassenen Wohn=
sitze aufsuchen sollten, welche, wenngleich durch den feindlichen
Einfall veröbet, doch durch Gottes milde Hand an allen Gütern
wieder Ueberfluß haben, und endlich damit sie nicht zweifelten,
daß ihnen des Heiligen Schutz beständig nahe sei, des Heiligen,
dessen so vielfältige Wunderkraft sie durch Heilungen der ver=
schiedenartigsten Kranken auf das hellste haben leuchten sehen.

2. Es war das Jahr Christi 860, das 28ste des Reiches
unseres Herrn, des erhabenen Königs Hludowich, die achte
Römerzinszahl, als in der Bremer Kirche vom Himmel Wunder
zu geschehen begannen, welche von Tage zu Tage sich verviel=
fältigten, so daß sich weit und breit durch die Völker hin die
Kunde fortpflanzte, daß an jenem Orte die Glorie des Herrn
sich in Wahrheit glänzend offenbart habe, und daß die Ver=

dienste des heiligen Willehad, der in eben diesem Dome ruhe,
auf diese Weise hoch geehrt, wundervolle Blüthen trieben. Da
nun dies in vieler Munde war, und sowohl in meiner Gegen=
wart, als auch ohne daß ich zugegen war, viele Leidende da=
selbst geheilt zu werden das Glück hatten, so habe ich beschlossen,
alle diese Vorfälle nieder zu schreiben und den Nachkommen zu
überliefern, damit das ganze Volk der Gläubigen den Herrn,
der durch seine Heiligen wirkt, freudigen Herzens mit mir lob=
preisen, und damit, wie die Jetztlebenden über jedes Wunder,
welches damals geschehen ist, jubelnd dem Allgütigen lobsingen,
ebenso auch die zukünftige Gemeinde der Gläubigen die gött=
liche Macht an dem heiligen Manne dankbar erheben und be=
wundern möchte. Indem ich nun die Geschichte der Wunder
zu entwickeln mich anschicke, will ich zunächst die Zeit angeben,
in der sie sich zu ereignen begannen. Es war nämlich nach
Pfingsten im erwähnten Jahre Christi, etwa 70 Jahre nach
dem Tode des Heiligen, der jedoch auch vor diesem Zeitpunkte
vielfach als von Gott werthgehalten erschien, obwohl diese That=
sachen aus Nachlässigkeit in Vergessenheit geriethen und nicht
häufig besprochen wurden. Ferner habe ich sowohl die Namen
derer, die geheilt sind, als die Krankheit, an der sie litten, und
den Ort ihrer Geburt oder ihres Aufenthaltes, wenigstens zum
Theil, so weit es möglich war, mit angeführt, damit theils
durch um so vielfältigere Nachweisungen die geschehenen Wunder=
thaten desto mehr beglaubigt werden, theils auch die Einzelnen
mit um so andächtigerem Sinne anerkennen mögen, welch eine
große Huld des heiligen Mannes sie durch die mit seiner Hülfe
vollzogene Heilung ihrer Angehörigen und Nachbarn erfahren
haben.

3. Eine Dienstmagd aus Osleveshusun[1] also, Namens Tiba,
welche sieben Jahre lang blind war, bat einst an einem Sonn=

---

[1] Oslebshausen an der Weser, im Werderland bei Bremen.

abende ihre Herrin, ob sie nicht zur Kirche gehen wollten. Diese antwortete, an dem Tage dürfe sie nicht, aber am nächsten Morgen, einem Sonntage, wollten sie zusammen hingehen. Da aber stand die Magd, sowie der Tag anbrach, auf, und eilte, von einer alten Frau geführt, mit schnellem Schritte in das Gotteshaus, um ihrer Herrin zuvorzukommen. Als sie, daselbst angelangt, betend niederkniete, empfing sie plötzlich ihre verlorene Sehkraft als ein Geschenk aus Gottes Hand zurück. Sowie nun ihre Herrin in das Innere der Kirche eintrat und sie an der Stimme erkannte, daß jene da sei, eilte sie voller Freude auf sie zu und rief aus: „Geliebte Frau, ich danke und preise Gott den Allmächtigen, weil ich durch das Verdienst des heiligen Willehad so glücklich geworden bin, Dich mit meinen Augen sehen zu können." Dieses Ereigniß erzählte die Herrin voll Verwunderung sofort allen Anwesenden und machte, von vielen Zeugen unterstützt, bekannt, daß das Mädchen wirklich das Augenlicht wieder erhalten habe, und so ward dieses Wunder öffentlich im Volke kund zur Verherrlichung Gottes.

4. Ferner kam ein Weib aus dem Lande Emisga[1], Namens Wimod, nachdem sie seit neun Jahren blind gewesen, einst zur Abendzeit in die erwähnte Kirche, betete dort und suchte nach dem Abendgottesdienste das Gasthaus wieder auf, wo sie übernachten wollte. Da ward ihr durch ein Traumgesicht verkündigt, daß sie daselbst für ihr verlorenes Gesicht Heilung finden werde. Da sie nun vom Glauben an die Zuverlässigkeit dieser Zusage, die ihren Wünschen so sehr entsprach, durchdrungen war, so beeilte sie sich sofort in die Kirche zu gehen, rief daselbst die Verdienste des Heiligen von ganzem Herzen an, und erlangte durch die Gnade Gottes den verlorenen Gebrauch ihrer Augen wieder. Auch dies ward zur Ehre des Herrn sofort von vielen bezeugt und weit und breit bekannt.

----

[1] An der Unterems.

5. Darauf wurden am Tage der Geburt St. Johannis des Täufers in Mitten einer sehr großen Volksmenge sieben Sieche von verschiedenen Krankheiten befreit. Obwohl ich es nun nicht für nöthig halte, dieses alles einzeln zu erzählen, so will ich doch zwei von diesen Wunderthaten genauer schildern, damit man daraus auch auf die übrigen zu schließen vermöge. Eine darunter war ein Weib Namens Simod, aus dem nahe bei uns gelegenen Dorfe Liudwineshusun[1]. Diese, die seit drei oder mehreren Monaten des Augenlichtes beraubt gewesen war, erlangte daselbst durch Gottes gnädige Fügung ihre alte Sehkraft wieder. Ein anderes Weib aus dem zur Burg Bremen gehörigen Flecken war gelähmt. Sie hatte sich als Kind beim Feueranzünden den Fuß verbrannt, und, da sie keine ärztliche Hülfe bekam, so hatten sich die Zehen gekrümmt und somit fast den ganzen Fuß in eine verkehrte Lage gebracht. Diese Beschwerde hatte sie viele Tage getragen, bis sich ihr am erwähnten Tage in aller Gegenwart der Fuß und die Gelenke wieder gehörig ausstreckten und sie geheilt wurde.

6. Ferner war eine Frau im Lande Laren, im Dorfe Slutra[2], seit mehreren Jahren gekrümmt; sie konnte nicht anders sich fortbewegen als auf den Händen kriechend, und war durchaus nicht im Stande, in die Höhe zu blicken. Zuletzt war sie durch die Krankheit sogar so geschwächt, daß sie nirgends hin gelangen konnte, wenn sie nicht getragen wurde. Sie hatte auch eine Tochter, welche von Kindheit an blind war. Diese nun brachten ihre Verwandten oder Nachbarn, als sie von der vorhandenen Wunderheilkraft hörten, sammt ihrer Tochter an die Thür des Domes zu Bremen. Als sie nun daselbst niedergelegt und von anderen aufgehoben hineinge-

---

[1] Lullenhusen, jetzt Lunsen an der Weser, südöstlich von Bremen. S. Lappenberg. Geschichtsquellen Bremens. S. 49 und 99.
[2] Schlütter an der Delme, unweit Delmenhorst.

kommen war, ward ihr durch Gottes Barmherzigkeit die doppelte
Freude zu Theil, daß sowohl ihre Tochter wieder sehend wurde,
als auch sie selbst sich allein wieder fortbewegen und aufrecht
blickend auf eignen Füßen nach ihrem Wohnorte zurückwandern
konnte.

7. Ebenso kehrten zwei Frauen aus Laren, aus dem Dorfe
Falathorp[1], von denen die eine lahm, die andere blind war,
als sie an denselben Ort geführt waren, durch Gottes Güte
frisch und gesund heim.

8. Auch ein junger Mann aus demselben Lande, aus dem
Dorfe Bokkenhusun[2], seit langer Zeit lahm, den man ebendahin
gebracht hatte, wurde durch Gottes Fügung wieder ebenso
kräftig wie früher, und kehrte gesund nach Hause zurück.

9. Ferner war eine Frau Namens Absuit, im Lande Ostar=
burge[3], im Dorfe Baldrikeswich. Diese, die schon lange sehr
an einer Lähmung litt, wurde an einem Sonntag ebendahin
gefahren. Da waren gerade an dem Tage sieben oder acht an
verschiedenen Krankheiten Leidende geheilt, und dies wurde
nach der Messe der Gemeinde angezeigt, worauf für die ge=
schehenen Wunderthaten Geistliche und Laien das Lob Gottes
in Dankliedern sangen. Plötzlich erhob sich die Absuit mitten
aus der Gemeinde und begann auf den Altar zuzulaufen nach
der Stelle hin, wo die anderen geheilten Kranken lagen. Da
nun die Umstehenden sich bemüheten sie zurückzuhalten, damit
sie sich nicht etwa mitten unter den Chor der singenden Geist=
lichen hineinstürzen möchte, so erklärte sie eifrig und aufgeregt,
sie habe die Weisung erhalten, sich vor den Altar mit den
anderen hinzustellen. Es war ihr nämlich so vorgekommen,
als ob der Priester, der die Genesung der anderen der Ge=
meinde verkündigt hatte, auch ihr mit der Hand zugewinkt

---

[1] Falldorf bei Syke. — [2] Bücken an der Weser.
[3] Osterburg an der Weser, um Blotho und Rinteln.

habe, sie solle aufstehen und mit den anderen an den Altar kommen. Da man nun nach ihrer Krankheit fragte und erfuhr, daß
sie gesund war, erhoben alle voll Eifers aufs neue ihre Stimme,
priesen zerknirschten Herzens und Freudenthränen vergießend
des Höchsten Allmacht und erhoben des hochheiligen Mannes
Verdienste um so feuriger, je erwünschter die sogleich sich
wiederholende Wunderkraft sich ihnen bewährt hatte.

10. Endlich lebte unter den Waldsaten im Dorfe Willian-
stedi[1] ein Weib, Namens Ikia, welche sieben Jahre lang an
Blindheit litt. Da nun das Gerücht von den zu Bremen
geschehenden Wunderthaten ihr immer häufiger zu Ohren kam,
so forderte eine Nachbarin sie auf und sprach: „Warum willst
Du's nicht auch einmal mit dem Heiligen versuchen, damit
auch Dir die Augen wieder hell und klar werden?" Sie
antwortete, das wolle sie sehr gerne, allein ihrem Herzens-
wunsche stehe nur das im Wege, daß sie keinen Führer habe.
Da erwiderte jene: „Nun, wenn Du niemand anders hast, so
will ich Dich so gut ich kann dahin führen." Die Blinde
nahm dies Anerbieten, da sie sich nicht anders zu helfen wußte,
mit dem größten Danke an. Sie waren indeß beide sehr arm.
Sie machten sich also, sie beide ganz allein, auf den Weg,
und gelangten auch unter Gottes gnädiger Leitung zuletzt in
das Heiligthum. Als sie dort voll Andacht beteten, bekam die
Blinde plötzlich ihr Gesicht wieder, und wendete sich lächelnd
und dankerfüllt zu ihrer Gefährtin hin mit den Worten: „Ach,
wie herrlich, wie herrlich ist es, daß ich auf Deinen Rath gehört und die Hülfe des Heiligen gesucht habe; siehe, jetzt sehe
ich ebenso klar wie Du das Licht des Himmels." Dieses
Ereigniß ward sogleich öffentlich bekannt und erfüllte die Herzen
mit hoffnungsvollem Vertrauen auf die göttliche Barmherzigkeit;

---

[1] Wilstedt im Amte Ottersberg, im Bisthum Verden.

denn der Herr ist, wie der Psalmist[1] sagt, hienieden arm und
verlassen gewesen. Darum ist er auch selbst des Armen Schutz
in der Noth; auch wird er nie aufhören, den Unmündigen und
Weisen ein stets bereiter Helfer zu sein. Nachdem sie also das
Licht der Augen wieder erhalten hatte, kehrte sie, nun nicht
mehr geführt, sondern blos begleitet von ihrer Gefährtin, ge=
sund heim in ihre Hütte, während sie des Herrn Lob unab=
lässig sang und die glücklichen Rathschläge ihrer Genossin voll
Dankbarkeit lautpreisend verkündete.

11. In dem eben erwähnten Lande war noch eine andere
Frau, welche auch Ikkia hieß. Diese war lange Jahre vom
Gürtel an abwärts so gelähmt, daß sie in ihren Gliedern
durchaus keine Empfindung hatte und nur mit Hülfe eines
Schemels sich fortschiebend sich irgend wohin bewegen konnte.
Dieser wurden, als sie in die Kirche zu Bremen kam, durch
Gottes Barmherzigkeit ihre Kräfte wieder hergestellt, und sie
begab sich auf ihren eigenen Füßen wohin sie wollte.

12. Ein Eingeborener aber, der, weil er dürftig war,
umherging und um Almosen bat, war vor kurzem auch in die
Kirche des heiligen Alexander[2] gekommen. Er hatte eine blinde
Stieftochter, die mit ihm umherging, und litt auch selbst, doppelt
heimgesucht, seit langer Zeit an Blindheit. Als sie nun dort
verweilten, ereignete es sich vermöge der Verdienste des Hei=
ligen, daß seine Stieftochter in dem einen Auge Sehkraft spürte.
Froh über dieses Geschenk, gingen sie weiter, und kamen in
den Bremer Dom. Dort warfen sie sich hin zum Gebete,
und trugen durch die Vermittelung des heiligen Willehad von
ihrer Mühe und Anstrengung reiche Zinsen davon, denn er
ward auf beiden Augen wieder sehend, und der Stieftochter·

---

[1] Anskar denkt hier an Psalm 10, 14 und 9, 10. Er citirt aus dem Gedächt=
nisse und ungenau, da nicht: „er ist arm hinterlassen", sondern: er ist dem Ar=
men hinterlassen" in der lateinischen Bibelübersetzung steht. — [2] zu Wildeshausen.

ward auch das andere Auge wieder gesund. Als dies nun
fromme Leute, welche dabei anwesend waren, bezeugten und
bekannt machten, gab alles Volk freudig dem Herrn die Ehre.

13. Einst war auch aus dem Lande Nordwidu[1] ein Mann,
der, taub und stumm, von Kindheit an von Noth und Elend
gequält war, an die Schwelle desselben Märtyrers Alexander
gekommen. Da erhielt er wegen der Verdienste des heiligen
Alexander das Gehör; als er aber weiter ging und nach
Bremen ins Gotteshaus kam, erlangte er von Gottes Güte
und Barmherzigkeit durch Vermittelung des heiligen Willehad
auch Sprache und Gehör wieder.

14. Desgleichen war die Tochter eines gewissen Fridebern
aus dem Lande Laren, aus dem Dorfe Otishusun[2], an allen
Gliedern schon seit geraumer Zeit gelähmt. Diese ward in
die oftewähnte Kirche geführt, und erduldete daselbst sieben
Tage lang das größte körperliche Ungemach; sie war endlich
ob der Größe ihrer Schmerzen so gut wie todt; doch aber
begann sie zuletzt durch Gottes Gnade minder heimgesucht zu
werden und erlangte endlich den früheren Gebrauch ihrer Glied=
maßen und durch das Verdienst des Heiligen ihre völlige
Gesundheit wieder. So kehrte sie ins väterliche Haus zurück,
an allen Gliedern gesund; das war für die Verwandten und
Nachbarn ein wahrhaftes Freudenfest.

15. Bei den Steoringen, im Dorfe Gandrikesarde[3], war
eine Frau Herimod zwei Jahre taub; diese kam in den Bremer
Dom und erlangte durch das Verdienst des Heiligen das Glück,
mit voller Hörkraft versehen wieder nach Hause zu kommen.

16. Ebenso kamen aus dem Lande Laren, dem Dorfe
Falathorp zwei Frauen dahin, von denen die eine, Hathaburch,
durch Lähmung gekrümmt, die andere, Marcswid, blind war.

---

[1] Norden in Ostfriesland. — [2] Oiste an der Weser, A. Hoya.
[3] Ganderkese, westlich von Bremen.

Beide fleheten dort Gott um Hülfe an und kehrten freudigen Herzens völlig geheilt heim.

17. Ferner war zu Wege[1], einem königlichen Dorfe, ein Mädchen, welches lange Zeit an allen Gliedern geschwächt, in seinem ganzen Körper gar keine Kraft mehr hatte. Dieses wurde an das Grab des Heiligen hingeführt, und erhielt durch Gottes reiche Güte sowohl den Gebrauch seiner Kräfte, als einen ganz gesunden Körper wieder.

18. Auch aus Sturmi[2] aus dem Dorfe Ekina war eine Frau Namens Gerswid, welche, nachdem sie lange an Blindheit gelitten, an dem erwähnten Orte das verlorene Augenlicht wieder geschenkt erhielt.

19. In ähnlicher Weise wurde eine Frau aus Stenthorpe[3] nach längerer Blindheit, während sie dem Gebete oblag, mit des Heiligen Hülfe geheilt.

20. Endlich kam aus dem friesischen Dorfe Bestanko[4] ein blinder Mann, Meinrad, dahin, und erhielt den Gebrauch seiner Augen wieder.

21. Im Lande Lari aber im Dorfe Hahtho[5] war ein Weib Namens Reinmuod neun Jahre blind gewesen, als sie durch des Heiligen Fürbitte dort die langersehnte Sehkraft wieder zu erhalten gewürdigt wurde.

22. Aus dem Lande Wihmodien aber aus dem Dorfe Midliftanfabarwurde[6] war ein Mann viele Jahre an der Hand lahm, und wurde dort durch des Herrn Gnade geheilt.

23. Ebenso aus dem Lande Wigmodien, aus dem Dorfe Westriftanbeverigifeti[7] war eine Frau Thiadgardis lange blind, die dort wieder sehend wurde.

---

[1] Kirch-Weihe und Süd-Weihe im Amte Syke, einst in Steoringen, Stift Bremen. — [2] Gau Sturmi im Bisthum Verden. — [3] Stendorf, L. Lesum. [4] Vielleicht Wester-Accum. — [5] zur Hache A. Bruchhausen. [6] Mittelwaarden im Lande Wursten. — [7] Westerbeverstedt.

24. In Sturmi aber in dem Dorfe Ekynon war ein ge=
wisser Alko. Dieser war schon vor langer Zeit am Arm ver=
wundet worden. Da ihm nun kein Mittel half, so konnte er
den Arm viele Jahre hindurch zu nichts gebrauchen. Der kam
dahin, und als er nun weinend darüber klagte sein Leben in
Unthätigkeit hinbringen zu müssen, und den Heiligen um Hülfe
anflehete, da fühlte er, so fügte es Gottes Güte, zuerst eine
geraume Zeit einen quälenden Schmerz in dem Arme, zuletzt
aber ward er geheilt und streckte die rechte Hand aus. Alle
dankten Gott für seine Heilung; er aber kehrte heim, und
nahm, getrieben von dem aus seiner Genesung geschöpften Ver=
trauen und voll Zuversicht zu Gottes Barmherzigkeit, seine
Frau, die schon lange nicht mehr sehen konnte, mit sich in die
Kirche nach Bremen. Hier nun begann der Mann, der durch
die ihm gewordene Hülfe voll festen Glaubens geworden war,
für seine Frau um dieselbe Wohlthat zu flehen, die Frau aber,
von ihrem Manne belehrt und ermahnt, betete inbrünstig zum
Herrn um gnädige Erhörung, und plötzlich konnte sie, von
himmlischem Lichte erfüllt, alles deutlich sehen. Dies ward
sogleich im Volke bekannt, und regte sehr zum Glauben an:
aller Gemüther wurden im Glauben an Gottes Macht bestärkt,
und während Geistlichkeit und Volk wegen ihrer Errettung
Lobgesänge ertönen ließen, kehrten sie freudigen Herzens heim,
und begannen nun mit um so größerer Lust und Anstrengung
zu arbeiten, als sie bedachten, wie manchen Tag sie vorher in
unthätiger Muße verloren hatten.

25. Auch in Bezug auf das Land Laren nahmen die schon
lange kund gewordenen Wunderthaten Gottes noch immer zu.
Ein gewisser Hruodwig aus dem Dorfe Stenbiki[1], der drei
Jahre stumm gewesen war, ging hin und bat schweigend den
Heiligen um Hülfe, und Gott erbarmte sich seiner, that ihm

---

[1] Steinke bei Barrien, A. Syke.

voller Gnade den Mund auf, und alsbald begann der Genesene die Großthaten des Herrn zu verkünden.

26. Ebenso war im Dorfe Rehterefled[1] eine Frau lange Jahre so von Gicht und Rheumatismus heimgesucht, daß sie sich weder ohne fremde Hülfe im Bette auf die andere Seite legen, noch überhaupt irgend ein Glied ihres Körpers ordentlich gebrauchen konnte. Diese wurde von ihren vom Glauben angeregten Freunden nach dem Grabe des Heiligen hingeschafft, und wie sie nun dort auf einem Tragbette, wie auf einer Leichenbahre unbeweglich, als wäre sie todt, dalag, sprang sie plötzlich auf, stürzte mitten in die Kirche und sang dem Herrn Loblieder; dann aber kümmerte sie sich nicht mehr um ihr Bett, dessen sie nicht mehr bedurfte, sondern sie legte, in Frieden entlassen, ganz dreist auf ihren eigenen Füßen den Weg zurück, auf dem sie hergefahren war.

27. Dann war im Dorfe Buochem[2] im Lande Lohingao[3] eine Frau Namens Siberin durch Krankheit so an allen Gliedern geschwächt, daß sie ganz ohne Kräfte war. Auch sie erlangte durch das Verdienst des Heiligen ihre Gesundheit in vollem Maaße wieder.

28. Gleichfalls aus dem Lande Laren aus Eggrikeshusun war ein Weib von Kindheit an so krüppelig, daß ihre eine Hand zu nichts zu gebrauchen war. Als diese an der heiligen Stätte aus dem Innersten ihres Herzens Gott um Barmherzigkeit anflehete, ward sie plötzlich gesund, schlug frohlockend beide Hände zusammen und sang dem Herrn mit lauter Stimme Jubellieder.

29. Es war aber auch aus Liastmona[4] eine Magd des verehrungswürdigen Grafen Heriman, welche derselbe mit anderen Mägden in seinem Hause zu Hethas[5] Weberei treiben

---

¹) Rechtenfleth a. d. Weser. — ²) Vielleicht Büchten bei Alben. — ³) Leinegau, Land a. d. Leine. — ⁴) Lesum a. d. Wümme. — ⁵) Hesen b. Hoya? Vgl. ob. Nr. 21.

ließ. Während dieses Mädchen dort im Dienste ihres Herrn
stand, wurde sie nach Gottes verborgenem, aber gerechtem
Rathschlusse, obwohl sie sonst ganz gesund blieb, mit dem Ver=
luste der Sprache heimgesucht. Da sie nun lange von dieser
Beschwerde bedrängt wurde und durchaus keinen verständlichen
Laut von sich zu geben vermochte, so schenkte der Graf, dessen
Herz der Herr mit Mitleid erfüllte, dem Mädchen zum Heile
seiner Seele die Freiheit und gestattete der also frei Ent=
lassenen frei in ihre Heimat zurückzukehren. Von ihren Ge=
nossinnen geleitet, kam sie nun nach Bremen, und trug auch
sofort aus frommem Antriebe Sorge, in die Kirche zu gehen.
Durch den Erfolg ward offenbar, was sie in gläubigem Herzen
bewegt hatte. Als sie nach der Thür der Kirche hineilte, merkte
sie gleich, daß ihr Gottes Barmherzigkeit entgegenkam; denn im
Eingange zur Kirche selbst, als sie in die Thür der Vorhalle
eintrat, war plötzlich das Band ihrer Zunge gelöst, und sie
begann laut aufzuschreien und Gott zu lobsingen. Als aber
die Anwesenden sich nach ihrer Geschichte erkundigten, erzählte
sie ausführlich und deutlich, was geschehen war, und so ward
das geschehene Wunderwerk auch durch das Zeugniß der an=
deren im Volke bekannt, und vermehrte die Zahl der Verdienste
des Heiligen. Das Mädchen aber begab sich von der Kirche
in ihr väterliches Haus, wohin sie, da ihr nun Gesundheit
und Freiheit zugleich geschenkt war, froh und heiter ging und
auch ihre Eltern und Angehörigen mit Freuden über ihre An=
kunft und ihr Glück erfüllte.

30. Gleichfalls war aus Bremen ein Mädchen Namens
Wige lange stumm und an allen Gliedern lahm, so daß sie
ohne fremde Hülfe nirgends hin konnte. Auch diese erlangte
durch das Verdienst des Heiligen den Gebrauch ihrer Sprache
und aller ihrer Glieder wieder.

31. Darnach ward auch ein Weib aus Upriustri, Namens

Tethilbis, welches seit seiner Geburt an der rechten Seite lahm war, dort mit Gottes Hülfe geheilt.

32. Aus dem Dorfe Medemahem[1] im Lande Wigmodi war eine Frau, genannt Iba. Diese war neun Jahre blind, als sie zu Bremen durch Gottes Gnade den vollen Lichtstrom ihrer Augen wieder geschenkt erhielt.

33. Ferner war aus Riustri aus dem Dorfe Scmalonsleet[2] ein Weib, Dislith genannt, welche elf Monate an einem Auge blind war. Diese kam nach Bremen und erfreute sich durch das Verdienst des Heiligen wieder des Lichtes ihrer beiden Augen.

34. Auch aus dem Dorfe Tabighem[3] war ein Mädchen, die Egilmarc hieß; sie war seit vier Jahren lahm. Ihre Eltern brachten sie zu Wagen nach Bremen, zurück aber kehrte sie durch Gottes Gnadenhülfe voll Freuden auf eigenen Füßen.

35. Endlich war eine Frau aus dem Orte Utrothe anderthalb Jahre des Augenlichtes beraubt gewesen, als sie durch die Fürbitte des Heiligen ihre Gesundheit wieder erhielt.

36. Ferner war zu Liastmona ein Mädchen, Namens Hrotgarbis, seit vielen Jahren an einem Fuße lahm. Sie ging auf zwei Krücken in den Bremer Dom, und erlangte die Gehkraft des einen Fußes wieder. So merkte sie, daß an jenem Orte die in Wahrheit von Gott gewährte Wunderkraft des Heiligen in voller Wirksamkeit war.

37. Außerdem wurden noch gar viele, die, um ihre Gesundheit wieder zu erlangen, an denselben Ort eilten, durch die Verdienste des heiligsten Bischofs schon unterwegs geheilt. Die Heilungen dieser Kranken wurden dann nur durch die Erzählungen anderer bekannt, weil sie selbst durchaus nicht daran

---

[1] Medhem, ein Hof im Gerichte und Kirchspiel Achim, nahe bei Bierden. S. Register der Einkünfte der Propstei zu Bremen. S. XI.

[2] Schmalenflet a. d. Weser. — [3] Thedinghausen.

dachten den heiligen Ort zu besuchen, wohin sie doch vorher sich aufgemacht hatten, sondern vielmehr, sowie sie mit der Heilung beglückt wurden, noch auf der Straße umkehrten und eilends voller Freuden wieder nach Hause zurückgingen, den Herrn und den heiligen Willehad mit lautem Lobe preisend.

38. Dergleichen aber und manches andere, was indeß gar vielen bekannt ist und im Munde des Volkes lebt, habe ich, damit meine Erzählung nicht zu weitläufig und dadurch den Lesern beschwerlich werde, übergangen.

Den Leichnam des heiligen Willehad aber, welcher schon einmal von seiner ersten Ruhestätte weg nach einem anderen Orte hingeschafft war, habe ich. in Gegenwart einer sehr großen Menge von Gläubigen und unzähliger Geistlichen daselbst auf= nehmen, auf eine Bahre legen und unter den lauten Dank= gesängen der Versammelten, welche Gott und den Heiligen lob= priesen, am Tage seiner Bestattung in dem neuen Dome, den ich damals eingeweihet hatte, beisetzen lassen. Hier in Ehren ruhend, machte er sich darnach in hohem Grade durch unzählige Beweise seiner wunderthätigen Gaben berühmt, und noch wächst von Tage zu Tage durch des Heiligen Verdienst die Menge der Wunderzeichen, die im Dome zu Bremen geschehen. Der Tag seiner Bestattung aber und zugleich seiner Uebertragung ist der achte November. Er wird gefeiert zu Lob und Preis unseres Herrn Jesu Christi, der mit dem Vater und dem heiligen Geiste als der einzige, wahre Gott lebet und regieret von Ewigkeit zu Ewigkeit. Amen.

Register.

Druck von Pöschel & Trepte in Leipzig.